101人の人物で読み解く太平洋戦争

太平洋戦争研究会

PHP文庫

JN124114

○本表紙図柄＝ロゼッタ・ストーン（大英博物館蔵）
○本表紙デザイン＋紋章＝上田晃郷

巻頭に寄せて

人物を知ることで太平洋戦争を理解する

保阪正康（ノンフィクション作家・評論家）

戦争は人災である。人為的行為であり、始めるのも終えるのもすべて指導者、あるいは指導部に列する政治家や軍人の意思によって決まる。それだけに私たちは、常に自らの時代に指導部に座っている人物はどんな考えをもっているか、事にあたって軽率な判断をするタイプではないのかを見ぬいておく必要がある。

近代日本は日清戦争から始まって太平洋戦争まで幾つかの戦争を体験している。このなかで昭和時代の太平洋戦争は明治期、大正期の戦争とは異なっている点がある。どこだろうか。日清、日露、第一次世界大戦と並べてみて、これらの戦争指導にあたった政治家、軍人は、ともかくもこの国の歴史や文化、さらには知識を代表する能力と見識をもっていた。戦争を単に軍事だけで考えるのではなく、政治や外交をからませて非軍事面の部分を代表する指導者が存在した。日清の伊藤博文や日露の小村寿太郎などが指導部に位置したために戦争にも一定の平衡感覚が生まれていた。

残念なことに、太平洋戦争の指導者にはそのような政治・外交を見る人物が不在だった。そのために戦争は、軍人の目だけで戦われて、一言でいえば「軍事上の勝利を得るまで戦い続ける」という頽廃を生んでしまったのだ。加えて太平洋戦争開戦までのプロセスを見ていくと、大本営政府連絡会議では政府側は首相、陸相、海相、外相、蔵相はいずれも官僚（軍官僚）出身者、大本営側も参謀総長、次長、軍令部総長、次長も軍官僚である。国民の付託を受けた政治家が一人もはいっていない。官僚（軍官僚）の思惑によって国の存亡が決定された状態だったのである。

大本営政府連絡会議では、この国の未来はどうあるべきか、国の哲学はどこにあるか、その立脚点を謙虚に論じた節はない。

では昭和に有為な人材はいなかったのか。そんなことはない。政治家、官僚、財界人、軍人、言論人など軍事だけでなく、政治、歴史、伝統など多面的に目くばりする人物は各界に存在した。軍人の中にも文民支配を信念とする人物もいた。そのような人物がなぜ指導者になれなかったのか、なぜ指導部に列することができなかったのか。過去のそういう事実を確かめて現在を知り、そして未来へ伝言していく、それが今、私たちに求められている。
戦争は人災だからこそ、私たちはそこから多くの教訓と知恵を学ばなければならない。

101人の人物で読み解く太平洋戦争

目次

Part 3 第2次世界大戦の勃発と軍部の独走 60

第2部 開始された太平洋戦争

Part 4 連合軍の反撃 170

Part 5 追いつめられる日本軍 186

第3部 崩壊する絶対国防圏

Part 1 玉砕の島々 200

Part 2　死の戦場　214

第1部

日米開戦に走った人々

Part 1

泥沼化の日中戦争

■ 大陸への野望が表面化した満州事変

1905年（明治38）、日露戦争に勝利した日本は、ポーツマス条約によって遼東《りょうとう》半島の租借権やロシアが敷設した鉄道の権利などを獲得した。これにより中国東北部「満州《まんしゅう》」への進出を果たすことになり、本格的な植民地経営に乗り出すことになった。

1914年（大正3）に第1次世界大戦が起こると、日本も連合国の一員として参戦し、その結果、日本はドイツ領だったミクロネシアを国際連盟の委任統治領として手に入れ、植民地政策が拡大した。

当時の日本は国際連盟の常任理事国だった事実からもわかるように、世界の5大国に数えられていた。日露戦争を経て軍事力を強化した日本は、ワシントンとロンドンにおける軍縮会議で保有海軍力の制限を受け入れたが、それでも米英に次ぐ海軍力を持つ軍事大国だった。

しかし、そんな軍事大国日本にも「資源貧国」という弱点があった。軍事力を支えるための石油、石炭、銑鉄《せんてつ》、銅などの過半は欧米からの輸入に頼っていたのだ。また日本唯一の輸出品である生糸も、約90パーセントはアメリカ向けであり、経済においても欧米頼みという状態だった。

日本の目標は脱欧米依存であり、それは資源の自給自足を意味した。もちろん国内にはそんな資源はなかったから、その目はおのずと広大な中国大陸に向けられた。

1931年（昭和6）9月18日、満州の奉天《ほうてん》（現・瀋陽《しんよう》）に近い柳条湖《りゅうじょうこ》で鉄道が爆破された。満州に駐留する関東軍の参謀・石原莞爾《いしわらかんじ》中佐や板垣《いたがき》征四郎《せいしろう》大佐の陰謀による事件だった。関東軍はこの鉄道爆破を中国からの攻撃だと欺瞞《ぎまん》して独自に軍事行動を開始した。若槻礼次郎《わかつきれいじろう》内閣は事件不拡大の方針を通達したが、関東軍の進撃は満州全土におよんだ。

1932年（昭和7）3月1日、清朝の廃帝・愛新覚羅溥儀《あいしんかくらふぎ》を執政として日本の傀儡《かいらい》国家である満州国が建国された。国際連盟は中国の訴えを受けて、リットン調査団を派遣して満州事変から満州国建国にいたる経緯を調べた。国際連盟は1933年（昭和8）2月、日本軍の満鉄付属地（日露戦争で日本が獲得した権益）への撤退と、満州に対する中国の統治権を確認する勧告案を総会で採決したため、これに反対する日本は国際連盟を脱退した。こうして日本は国際的孤立化の道を選び、以後はひたすら軍事路線を走ることとなったのである。

■日中全面戦争に発展

日本国内では1936年（昭和11）に2・26事件が起こり、岡田啓介《おかだけいすけ》内閣に代わって成立した広田弘毅《ひろたこうき》内閣によって「軍部大臣現役武官制」が復活した。これには2・26事件で予備役となった将軍たちが復権できないようにという意図があったが、以後、陸軍はこの制度を逆手にとった。気に入らない局面になると陸軍大臣を辞任させて、後任を送らず、倒閣に追い込むなど軍部独裁のための武器とした。

さらに広田内閣では、ソ連の脅威を除去しながら「日満支」提携のもとで南洋に進出するという南北並進を謳《うた》った「国策の基準」を決定した。「日満支」の提携といいながら、中国では北支分治政策が進んでいた。1933年（昭和8）に関東軍が進めた熱河《ねっか》地方への進撃と、その後の塘沽《タンクー》停戦協定で、万里の長城以北を満州国に併合し、長城線以南に非武装地帯を設けていた。日本はその非武装地帯を拡大し、さらには華北5省を中国から切り離し、実質的に支配しようとした。

そして近衛文麿《このえふみまろ》内閣が登場して間もない1937年（昭和12）7月7日夜、北京《ペキン》郊外の盧溝橋《ろこうきょう》付近で夜間演習をしていた日本の支那《しな》駐屯軍と中国軍の間に発砲事件が起こった。当初は不拡大方針をとっていた陸軍だったが、支那駐屯軍が危険にさらされるという理由で、大幅な兵員の増強と航空部隊の派遣を決定した。

中国国民党の蔣介石《しょうかいせき》は、それまで国内の共産党を平定することを先決としていたため、日本軍との紛争に力をいれてこなかった。しかし、前年の1936年12月に起きた西安《せいあん》事件（張学良《ちょうがくりょう》が蔣介石を監禁して共産党との内戦停止を迫った事件）を契機として、国民党と共産党の対日統一戦線が形成されつつあったため、蔣介石は「最後の関頭（瀬戸際）に立ち至った」

と日本軍への徹底抗戦の決意を表明した。

その後、戦火は上海《シャンハイ》へも飛び火し、日中は全面戦争に突入していった。

1936年に日本と防共協定を結んだドイツは、日中戦争の長期化はソ連を利するのみと判断し、駐中国大使トラウトマンが和平を仲介した。だが、陸軍の勢いに押された近衛内閣が過酷な条件を追加し、和平のチャンスを逸した。

そして1938年（昭和13）1月、近衛内閣は「爾後《じご》国民政府を対手《あいて》とせず」と発表し、終戦の見通しはまったく立たなくなった。日本軍は盧溝橋事件からの1年半で、北京、上海、南京《ナンキン》、徐州《じょしゅう》、漢口《かんこう》、広東《カントン》など主要都市を中心に中国国土の47パーセントを占領し、終戦の見通しが立たない泥沼の戦争へとはまりこんでいた。

上海で市街戦をする日本の海軍陸戦隊

日中戦争の始まり
盧溝橋事件①
1937年(昭和12)7月7日

近衛文麿【このえ　ふみまろ】
日本に「戦争への道」を選ばせた宰相

Profile

日中開戦時の内閣総理大臣（第34・38・39代）
・軍・官・民の軋轢一掃を国民から期待されていた。
・「日中戦争」を指揮し、日米開戦に国民を誘導していった指導者。
生没年　1891年（明治24）～1945年（昭和20）　54歳没
出身地　東京都（千代田区）

1937年（昭和12）6月、第1次近衛文麿内閣が成立する。5・15事件（1932年）と2・26事件（1936年）において、時の首相や大臣が襲撃・暗殺される血なまぐさい情勢のただ中であった。

近衛は名門・近衛家の出身。元老・西園寺公望《さいおんじきんもち》からも将来を嘱望されていた期待のプリンスであった。近衛内閣が成立して33日目の7月7日、北京《ペキン》郊外の盧溝橋《ろこうきょう》においで、日中両軍が衝突する。近衛は事件の不拡大方針を採《と》り、中国国民党の蔣介《しょうかい》石《せき》政権との和解を望んでいた。だが、事態は近衛の想いとは逆の方向に進み、戦火は拡大していった。

7月11日、杉山元《すぎやまはじめ》陸軍大臣から「現地邦人保護のため3個師団を派遣したい」との申し入れが近衛にあった。2度目の要請であり、武力衝突を放置するわけにもいかないので、近衛は杉山に同意し、不拡大の努力を継続することを条件に、派兵を決定する。しかしこの決定が、国民党の反発を招き、和平交渉を困難なものにするのである（7月末までに日本軍は北京・天津《テンシン》を制圧。8月、戦火は上海《シャンハイ》にも飛び火する）。

近衛文麿

近衛は南京《ナンキン》駐在のドイツ大使トラウトマンを介して、蔣政権との和平を模索するが陸軍の反対にあい、交渉は失敗に終わる。南京攻略が目前となったので、陸軍が和平にうしろ向きになったのだ。
進展しない交渉に見切りをつけた近衛は「国民政府を対手《あいて》とせず。日本と友好関係を保つに足る新政府の樹立に期待する」との声明を発表する（1938年1月16日）。声明は陸軍に強要されたとの説もあるが、いずれにしても近衛声明が、講和の機会を閉ざしたことは確実であり、明らかに失敗だった。近衛内閣は「対手とせず」声明をその年のうちに修正している。近衛は「日本の戦争目的は東亜新秩序の建設であって、国民政府が抗日を放棄するならば、新秩序に迎える用意がある」との声明を発表したのだ（11月3日）。「新秩序」とは日本・満州・中国の提携を基本として「新文化の創造、経済結合の実現」を目指すものであった。

この「第2次近衛声明」は、蔣介石の右腕・汪兆銘《おうちょうめい》が和平を主張し始めたので発表できたという。近衛は汪に期待をつなぎ支援していた。しかし、蔣介石は汪の和平要請を拒否。近衛の支援は水泡に帰すことになる。そして戦争終結の目処《めど》がたたないこと、その他諸々の懸案に嫌気がさした近衛は、1939年1月、内閣を投げ出し、総辞職した。

この人のその後　米英との早期和平を唱え、独自の終戦工作を展開する。敗戦後は、東久邇宮内閣に国務大臣として入閣するが、戦犯容疑がかけられ服毒自殺を遂げる。

不拡大派の敗北
盧溝橋事件②
1937年（昭和12）7月7日

石原莞爾【いしわら　かんじ】

満州事変の火付け人は、なぜ日中戦争の不拡大を主張したのか

Profile

陸軍中将
・参謀本部を実質的に主導し、日中戦争の不拡大を主張。
・戦線の拡大を目論む東條英機を中心とする陸軍強硬派と対立。
生没年　1889年（明治22）～1949年（昭和24）　60歳没
出身地　山形県（鶴岡市）

1937年（昭和12）7月7日夜、北京《ペキン》郊外の盧溝橋《ろこうきょう》に近い野原で、演習中の日本軍が中国国民党軍から発砲を受けた（盧溝橋事件）。攻撃を受けた日本軍は翌日、反撃を開始する。この事件が戦争へと拡大することを阻止しようとしたのが、参謀本部第一部長の石原莞爾であった。かつては、謀略で満州事変（1931年）を引き起こし、満州全土を占領して（満州国の建国）、中国と事を構えた石原が、この時はなぜ「不拡大論」を唱えたのか。

理由は、中国と連携して、ソ連に対抗しようと考えていたからだ。当時、ソ連軍は極東に多数配備され、満州国を圧迫していた。ソ連に対抗するには、日本と満州の国力を充実させ、総力戦に耐えるだけの状況を作り上げねばならない。その途上で、中国と戦争をすれば、国力は疲弊してしまう。また、中国への武力行使がソ連の介入を招くこともある。ソ連軍が南下し、満州国が瓦解する可能性もあるのだ。同じように陸軍省軍務局軍務課長の柴山兼四郎《しばやまかねしろう》大佐も、不拡大論であった。軍事予算の膨らみが、作戦遂行を困難なものにすると考えたのだ。

石原莞爾

これら不拡大論に反対したのが、東條《とうじょう》英機《ひでき》グループの武藤章《むとうあきら》大佐らである。彼らは軍事的一撃を加えれば、中国を簡単に打ち負かせると考えていた。

一方、石原は、中国は土地が広大であり、交通状況も不良であるから、長期戦は不利と見通していた。軍の独断専行を諫《いさ》める石原に対し、武藤は「あなたのかつての行動を見習い、その通りを実行しているのです」と反論した。満州事変での石原の行動を指摘したのだ。石原は沈黙する以外なかったという。

しかし、石原は不拡大論を説いて回る。その石原が7月10日の参謀本部会議で、突如、派兵に賛成したのだ。突然の変心の理由を尋ねられると「国民党軍が北上したとの情報が入った」からだという。華北において日本軍は劣勢である。現状では、国民党軍に勝利できない。居留民の安全も保障できない。よって、派兵が必要だということだ（石原の言う国民党軍の北上は偽情報だったことが今ではわかっている）。11日、近衛《このえ》首相は「北支派兵に関する政府声明」を発表する。石原は皮肉にも派兵派の片棒を担ぐことになってしまった。

この人のその後

予備役編入後は、評論・執筆活動に専念する（1942年『世界最終戦論』を刊行）。戦後、戦犯指定からは外れるが、公職追放となる。故郷で病死。

拡大派の暴走
盧溝橋事件③
1937年（昭和12）7月7日

杉山 元【すぎやま はじめ】
自らの戦略・戦術論をもたない「ああそうか大臣」の罪と罰

Profile

元帥陸軍大将
・盧溝橋事件時の陸軍大臣。
・陸軍主流の強硬派で戦線の拡大を主張。近衛首相の「中国国民党の蔣介石を対手とせず」との強硬声明を支持。
生没年 1880年（明治13）～1945年（昭和20） 65歳没
出身地 福岡県（小倉市）

杉山は満州事変から太平洋戦争の全期間にわたって陸軍の重要なポストに居続けた人物である。満州事変のときはすでに陸軍次官に就任しており、盧溝橋《ろこうきょう》事件勃発時は陸軍大臣だった。そしてのちに起こる太平洋戦争では参謀総長の地位にあった。

盧溝橋事件（1937年7月7日）の時、軍人の多くが「中国に一撃を加えるべし」との考えであった。田中新一《たなかしんいち》大佐・武藤章《むとうあきら》大佐が強硬論の中心であったが、杉山も派兵を唱えていた。

杉山元

杉山は「ああそうか大臣」と密かに揶《や》揄《ゆ》されていた。閣議では決定を了承しながら、陸軍省に帰ると、部下から批判され、「ああそうか」と承認を覆すことが度々あったからだ。天皇も杉山には不満を抱いていた。天皇は、杉山の上奏のたびに「事変はいつ終わるのか」と質《ただ》していたが、杉山は「もう2～3カ月で片付けます」と言うのみで、いっこうに収束しなかったためだ。

近衛《このえ》首相は「中国国民党の蔣介石を対手とせず」との強硬声明を発するが、杉山もそれを支持した。声明に反対する声もあったが、杉山は陸軍が2つに分裂することを恐れて、声明を支持したという。杉山が拡大論を支持したのも、自らの信念というよりは、下からの突き上げがあったからかもしれない。

この人のその後

太平洋戦争開戦時の参謀総長。本土決戦に備えて設立された第1総軍の司令官に就任。1945年（昭和20）9月12日、昭和天皇への詫び状を残し、拳銃で自決。

妥協しなかった中国最後の関頭演説
1937年（昭和12）7月17日

蒋介石【しょう　かいせき】

日本軍との全面戦争に踏み切った中国の最高指導者

Profile

中国の最高指導者

・中国国民党の主席として抗日民族統一戦線結成。共産党など各界人士を召集して国防会議を開き、徹底的犠牲、徹底的抗戦による国家存続を決める。

生没年　1887年～1975年　87歳没

出身地　中国・浙江省奉化県（寧波市）

蒋介石

1930年代の中国はまさに内憂外患《ないゆうがいかん》の時代であった。日本軍との戦いだけでなく、国民党と中国共産党との内戦も熾烈《しれつ》を極めていた。蒋は、日本軍よりも共産党を先に壊滅させることを狙っていた。

国民党との和解を望む共産党は、日本軍に父・張作霖《ちょうさくりん》を殺された蒋派の張学良《ちょうがくりょう》を仲介に交

蔣介石（右）と張学良（左）

渉を始めた。「協力して日本軍に対抗すべき」との案に蔣は乗らず、ついに張は、強硬手段に出る。西安《せいあん》で蔣を捕えて軟禁し、共産党との共闘を迫ったのだ（西安事件）。1936年（昭和11）12月12日、早朝のことである。

共産党は蔣を殺害する予定であったが、日本軍を中国に釘《くぎ》づけにしたいソ連の指導者スターリンの「蔣を殺さず釈放せよ」との厳命に屈し、断念したという。蔣も態度を軟化させ「一致抗日」を受け入れたため、同月26日、釈放される。1937年

（昭和12）7月、廬山《ろざん》で共産党と国民党は抗日統一戦線を組むための会談をもつ。一方、盧溝橋《ろこうきょう》での日中両軍の衝突は、日中の全面戦争に発展。蒋介石はいわゆる「最後の関頭演説」（7月17日）において「戦争が拡大するかどうかは日本政府次第。もし日本政府が和平を願わないならば我々は徹底抗戦する」と宣言、日本政府に最後通告を突きつけた。

この人のその後

第2次国共内戦（1946〜49）で、毛沢東率いる共産党軍に敗北、台湾に逃れる。中華民国総統に再任されるも、故国の地を踏むことなく病死する。

日中戦争の行方
八路軍、国民党軍へ編入
1937年（昭和12）8月22日

毛沢東【もう　たくとう】
日本軍を泥沼に引きずり込んだ毛沢東の持久戦論

Profile

中国共産党の指導者
・中国共産党主席。
・陝西省延安に根拠を置き、国民党と対立していたが、のちに第2次国共合作が成立。

生没年　1893年～1976年　82歳没
出身地　中国・湖南省湘潭県（湘潭市）

毛沢東

1937年（昭和12）7月7日、盧溝橋《ろこうきょう》における日中両軍の衝突は、中国共産党と国民党との合作（同盟）に拍車をかける。8月22日、共産党軍が「第八路軍」として「国民革命軍」に編入。9月23日には、蔣介石が「国民党指導のもと共産党と協力する」とした談話を発表。これによって第2次国共合作が成立した。日本軍は戦火を中国全土に広げ、1938年（昭和13）10月には、国民党政府が臨時首都を置いていた武漢《ぶかん》を占領する。

いかにして抗日戦争を進めるべきか。共産党の指導者・毛沢東は、日本軍に対抗するには「持久戦しかない」と説いた。いわゆる持久戦論である。毛は「戦略的退却・戦略的対峙・戦略的反抗の3つの段階を経て、最後には中国が勝利する」と予言する。「中国には長期戦を支える広大な国土と膨大な人がいる」……毛の自信の裏には中国の広大な国土があった。

共産党軍は持久戦論に則し、日本軍に対してゲリラ戦を展開する。敵の交通を遮断し、兵站《へいたん》を破壊し、待ち伏せして攻撃する。それを繰り返して日本軍を消耗させたのだ。

その結果、毛の予言は的中する。さすがの日本軍も中国全土を簡単には制圧することはできず、日中戦争は泥沼の様相を呈するようになる。そして決着がつかぬまま、終戦を迎えることになるのだ。

この人のその後　1949年、中華人民共和国建国を宣言。のちに初代国家主席となり、権力中枢に君臨。大躍進政策・文化大革命を推進するも、国家的大惨劇に終わる。

Part 2

三国同盟をめぐる攻防

中国における日本の軍事行動はアメリカが提唱する門戸開放、機会均等の原則に反するとして、アメリカは日本を厳しく非難した。イギリスも中国の主権や領土の尊重を定めた９カ国条約違反であると日本を指弾した。英米は日本への経済制裁を検討し始め、中国への援助を開始した。

その頃ヨーロッパではヒトラー率いるナチス・ドイツが勢力の拡大を目指して、軍備の大拡張を行っていた。オーストリアの併合を皮切りに、１９３８年（昭和13）から１９３９年（昭和14）にかけてチェコスロバキアのズデーテン地方の割譲、さらにチェコスロバキアをチェコとスロバキアに分離させ、両方を保護国とした。

それまでドイツに宥和《ゆうわ》的な政策を進めてきたイギリスやフランスの目に、ドイツの次のターゲットがポーランドであることは明白だった。イギリスのチェンバレン首相は「ポーランドの独立が脅かされたときは最大限の援助をする」と演説し、ただちに徴兵制を実施して軍備の強化に入った。

ドイツはイギリスとの対立が決定的になったために、1936年（昭和11）に締結した日独防共協定をさらに強固な軍事同盟に発展させようと日本にアプローチしてきた。いわゆる日独伊三国同盟である。ドイツは満州国を承認し、蔣介石《しょうかいせき》の国民政府に行っていた援助を中止した。

さらに国民政府軍に派遣していた軍事顧問団も引き揚げるなど、日本に急接近してきた。

このドイツのアプローチに、日中戦争の泥沼化で閉塞状態にあった陸軍は飛びついた。近衛《このえ》内閣は板垣征四郎《いたがきせいしろう》陸相の提案を受けて、三国同盟の交渉開始を決定した。ドイツの提案は英仏をも対象に加えた軍事同盟だったが、日本側はソ連だけを敵とする同盟の締結を基本方針とした。陸軍首脳はドイツ案に賛成だったが、宮廷グループと米内光政《よないみつまさ》海相・山本五十六《やまもといそろく》海軍次官ら海軍首脳は、対象はソ連に限るべきであると強硬に主張した。英仏を相手にすることは、その同盟国であるアメリカをも敵に回すことになるからだった。

しかし、英仏を対象にすることが目的のドイツにとって、ソ連だけを相手にしようという日本案では意味がなく、交渉は進展しなかった。ドイツと同盟を結ぶことで中国を援助している英米を牽制《けんせい》できると期待している陸軍は、同盟の不成立を恐れ、ドイツ案の受け入れを迫った。しかし、米内海相と有田八郎《ありたはちろう》外相、それに池田成彬《いけだしげあき》蔵相らは反対の姿勢を崩さず、近衛は閣内不統一で内閣を投げ出し、1939年（昭和14）1月5日、総辞職した。

後継の首相には右翼の総本山と目されていた枢密院議長の平沼騏一郎《ひらぬまきいちろう》が指名された。平沼内閣も三国同盟をめぐる問題に振り回されたが、8月23日、唐突に独ソ不可侵条約が締結され、交渉は打ち切られた。内閣の存在意義を無くした平沼は「欧州の天地は、複雑怪奇」という声明を残して8月28日に総辞職した。

三国同盟締結交渉①
1938年（昭和13）7月～1939年（昭和14）9月

大島 浩【おおしま ひろし】
ヒトラーの信任厚かった駐独大使

Profile

駐独大使／陸軍中将
・1938年に陸軍中将に昇進、同年10月～39年12月まで駐独大使。いったん退任後の40年12月に再び駐独大使。敗戦後の45年12月まで務める。
生没年 1886年（明治19）～1975年（昭和50） 89歳没
出身地 岐阜県（恵那市）

ヒトラーの信任厚かった大島の経歴を見ると、その過半を駐在武官として過ごしている。その最初が1921年（大正10）の駐独大使館付武官補佐官だった。その後帰国して野戦部隊の指揮官などを務めていたが、1934年（昭和9）3月に駐独大使館付武官として再びドイツに赴任。日米開戦の引き金となった日独防共協定を締結（1936年11月）、続いて駐伊大使・白鳥敏夫《しらとりとしお》と連携して日独伊防共協定（1937年11月）の締結を強力に推進し、実現させた。

翌38年（昭和13）10月に陸軍中将に昇進し予備役編入となる。同時に駐独大使に

大島浩

出世した大島は、陸軍の威勢とヒトラーとの信頼関係を後ろ盾に日独伊三国（軍事）同盟の締結を強力に主張し始めた。3国の目的や思惑はそれぞれ微妙に違っていたが、日本の目的は、同盟締結がソ連への牽制になり、東南アジア方面からの資源獲得に安心して取り組めるという狙いがあった。

ところがそうした最中《さなか》の1939年（昭和14）8月23日、ドイツとソ連が独ソ不可侵条約を締結した。まさに青天の霹靂《へきれき》、大島の努力は愚弄された格好となり、この年12月、大島は大使を更迭されて帰国した。

この人のその後

帰国した大島は日独伊三国同盟締結（1940年9月）後の同年12月、松岡外相から再び駐独大使に指名され、戦後、極東国際軍事裁判でA級戦犯に指名された。

三国同盟締結交渉②
1938年（昭和13）7月～1939年（昭和14）9月

板垣征四郎【いたがき せいしろう】

三国同盟締結をめぐって〝海軍トリオ〟と対立した陸軍代表の謀略将軍

Profile

陸軍大将
・当時陸軍中将の板垣は1938年6月、第1次近衛内閣の陸相となり、続く平沼内閣でも陸相に留任していた。
生没年　1885年（明治18）～1948年（昭和23）　63歳没
出身地　岩手県（岩手町）

満州事変は日本の関東軍が奉天《ほうてん》（現・瀋陽《しんよう》）郊外の満鉄線を爆破し（柳条湖《りゅうじょうこ》事件）、それを中国軍の仕業として戦端を開いたことで知られている。この一連の謀略を計画・指揮したのが、当時、関東軍の高級参謀だった板垣大佐と作戦主任参謀の石原莞爾《いしわらかんじ》中佐（のち中将）である。

板垣は満州事変後も満州国の執政顧問、軍政部最高顧問、関東軍参謀長というぐあいに、約6年間満州軍政の中枢にいた。そして中将に昇進した1938年（昭和

板垣征四郎

13）6月、第1次近衛《このえ》内閣の陸相となり、続く平沼《ひらぬま》内閣でも留任した。この陸相時代に、日独伊防共協定を強化して三国軍事同盟にしようという動きが、陸軍の中堅幕僚の間で活発化した。

日独伊防共協定はソ連を仮想敵国にしていたが、三国同盟案はそれを対英米にも拡大しようとする攻守同盟を目指していた。この同盟案に対して板垣陸相は米内光政《よないみつまさ》海相に何度も同意を迫った。しかし米内をはじめ山本五十六《やまもといそろく》海軍次官、井上成美《いのうえしげよし》軍務局長の〝海軍トリオ〟は猛然と反対した。英米を相手の戦争は絶対にすべきではないと一歩も譲らなかったのだ。そこに降って湧いたのが独ソ不可侵条約締結だった。陸軍は面子《メンツ》を失い、時の平沼内閣は総辞職、板垣も陸相の座を去っていったのだった。

この人のその後

陸相辞任後、支那派遣軍総参謀長、大将になって朝鮮軍司令官などを務め、戦後はA級戦犯に問われて死刑判決を受け、絞首刑に処せられた。

ノモンハン事件
1939年（昭和14）5月〜9月

植田謙吉【うえだ　けんきち】
ノモンハン事件の最中、独ソ不可侵条約締結に仰天した関東軍司令官

Profile

陸軍大将／関東軍司令官
・1936年（昭和11）3月に関東軍司令官に就いた植田大将は、39年の春も満州の新京で迎えた。関東軍司令官になって3年である。ここで起きたのがノモンハン事件だった。

生没年　1875年（明治8）〜1962年（昭和37）　87歳没
出身地　大阪府（大阪狭山市）

平沼《ひらぬま》内閣が成立した1939年（昭和14）1月5日の翌日、ドイツのリッベントロップ外相は日本政府に、日独伊三国同盟を政府間の正式議題にするよう提案してきた。新外相の有田八郎《ありたはちろう》は同盟に反対ではなかったが、ドイツ案が仮想敵国の対象をソ連だけではなく英米をも加えていることに難色を示し、早期締結を主張する板垣征四郎陸相と対立していた。

植田謙吉

そこに追い打ちをかけるかのように大事件が起きる。その仮想敵国ソ連との紛争である。

39年5月12日、満州と外蒙《がいもう》（モンゴル）の国境地帯ノモンハンで軍事衝突が起きた。関東軍は植田司令官が39年4月25日に示達した「満ソ国境紛争処理要綱」に沿って、断固たる態度に出た。処理要綱には「ソ連の不法行為に対しては徹底的に之を膺懲《ようちょう》」するとあるからだ。

まずハイラルの第23師団を出動させたが、ソ連軍の反撃で師団は壊滅状態となった。関東軍は続々と増援を送った。しかし、ソ連の戦車隊と大兵力に歯が立たない。そこにまたまた驚愕《きょうがく》ニュースが飛び込んできた。こともあろうに友邦ドイツがソ連と8月23日に不可侵条約を結んだというのだ。加えて9月1日には第2次世界大戦が始まり、大本営は関東軍に戦闘中止命令を出し、ソ連に停戦協議を申し入れた（9月15日停戦協定成立）。三国同盟締結どころではなくなったのである。

この人のその後

植田謙吉大将はノモンハンの停戦協定がモスクワで成立した直後に関東軍司令官を解任され、1939年12月に予備役に編入された。

独ソ不可侵条約締結①
1939年(昭和14)8月23日

平沼騏一郎【ひらぬま　きいちろう】
三国同盟交渉に振り回された総理大臣

Profile

第35代内閣総理大臣
・第1次近衛内閣の後継内閣としての性格が強く、政策・人事の多くを引き継いだ。
生没年　1867年（慶応3）～1952年（昭和27）　84歳没
出身地　岡山県（津山市）

近衛《このえ》内閣の総辞職を受けて、1939年（昭和14）1月5日、平沼騏一郎内閣が発足する。その直前、ヒトラー率いるナチス・ドイツから日独伊三国同盟の提案があったので、外交上の大きな問題となっていた。ドイツ提案の中身は、広田弘毅《ひろたこうき》内閣の時に締結した日独防共協定を、強固な三国同盟にしようというものだった。

しかし、内閣は三国同盟を受け入れるか否かで大きな議論となり、五相（総理大臣・外務大臣・大蔵大臣・海軍大臣・陸軍大臣）会議が70数回も開催されたことから、「今日も五相《しょう》（五升）あしたも五相、一斗をついに買えない内閣」という戯《ざ》れ

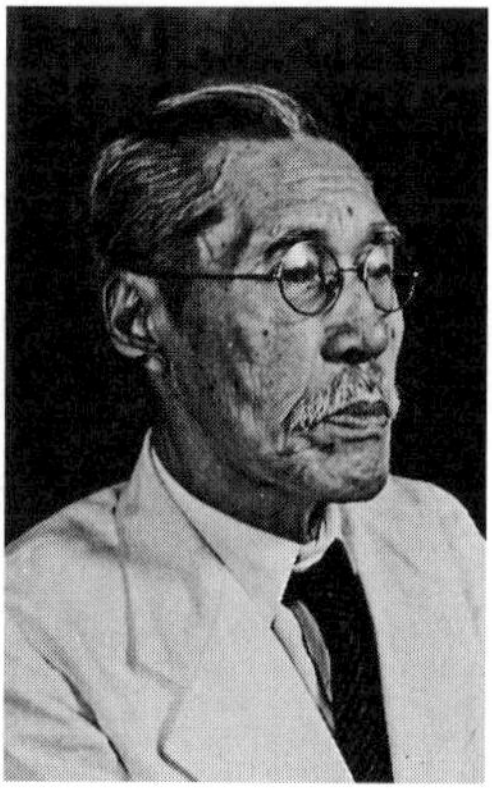
平沼騏一郎

歌まで流行《はや》る始末。同盟反対派の主張は「独伊との関係強化は、かえって対英米交渉に不利になる」というもの。

一方、賛成派の主張は、「ドイツの力を有効利用して、ソビエトに対する戦略を有利にしよう」というものだった。そうこうしている間に、8月23日、驚愕の知らせが入る。ドイツとソ連が不可侵条約を結び、手を握ったというのだ。明らかにドイツの防共協定違反である。

「まさかドイツがソ連と手を組むとは」と驚いたのは、平沼だった。「欧州の天地は複雑怪奇なる新情勢を生じたので、我が方は別途の政策樹立を必要とするに至った」との文言を残して8月28日に総辞職してしまう。

この人のその後

戦後、A級戦犯として終身刑が確定。1952年、服役中に病死。

独ソ不可侵条約締結②
1939年(昭和14)8月23日

ヨシフ・スターリン
守るつもりのない条約をドイツと締結したソ連の独裁者

Profile

ソ連の最高指導者
・1万人以上の赤軍兵を処刑したため、軍が弱体化。軍事力立て直しのために時間を稼ぎたかった。
生没年　1878年〜1953年　74歳没
出身地　ジョージア・シダ・カルトリ州（ゴリ）

レーニンの死後、権力を握ったスターリンは1928年（昭和3）から第1次5カ年計画を実行して、ソ連の農業国から工業国への転換を図ったが、行きすぎた工業化は国内に貧困と混乱をもたらし、スターリン体制への不満を生んだ。そこでスターリンは先手を打って政敵を次々と粛清《しゅくせい》する挙に出る。大粛清は1937年（昭和12）〜38年にかけてピークを迎え、1200万人が逮捕され、100万人が処刑、200万人が強制収容所で死亡したといわれている。この大粛清は軍部にもおよび、有能な軍人が次々と粛清されたため、スターリンの独裁体制は確立されたが、赤軍が弱体化してしまった。こうした赤軍の弱体化は、ソ連が同盟国を求める一因となった。

ソ連は1939年（昭和14）のはじめ頃からリッベントロップ・ドイツ外相の部下を媒介にして同国に秋波を送り続けていた。一方、イギリス、フランス外交団とソ連との同盟締結に向けての交渉が6月から始まった。しかし、英仏にはどんなことをしてもソ連と同盟を結ぶといった考えはなく、熱意のなさはスターリンにも伝わった。

ヨシフ・スターリン

ドイツとソ連の交渉もソ連が対価をつり上げたため、なかなか進展しなかった。しかし、英仏との交渉が事実上決裂したため、8月に入るとソ連は態度を一変させた。

8月23日午後、リッベントロップはモスクワ空港からクレムリン宮殿に向かい、午後6時、スターリンと向き合って交渉を開始した。

スターリンも、この期におよんでだらだらとした交渉を行うつもりはなく、真夜中には独ソ不可侵条約が調印された。独ソともに相手を攻撃せず、また、相手国を攻撃する国に対してはいかなる援助も行わないというのが、この条約の基本である。

1939年8月23日、クレムリン宮殿で会談したスターリンとリッベントロップは独ソ不可侵条約を締結し、握手をした。

不可侵条約と同時に秘密議定書が調印された。これは東ヨーロッパにおける独ソの勢力圏を定めたもので、フィンランド、バルト3国の大部分、ベッサラビア（当時ルーマニア領）がソ連の勢力圏に入れられた。そして、ドイツ軍のポーランド侵攻にともなう独ソの境界線も決められた。条約が調印された後、スターリンはいつになく上機嫌で、ベルリンのヒトラーも飛び上がって快哉《かいさい》を叫んだ。

ヒトラーにとってはポーランド侵攻に対して赤軍の介入を防ぎ、しかも先に調印された通商協定によって、イギリスの経済封鎖にあってもソ連から原材料を入手することができる。スターリンはドイツとの戦争を回避でき、軍を再建、温存する時間ができた。どちらにとっても都合のいい条約であるが、2人の独裁者にはこの条約を遵守しようなどという気は毛頭なかった。

この人のその後　第2次世界大戦後、東欧諸国に衛星政権をつくり、西側陣営と対立した。

Part 3

第2次世界大戦の勃発と軍部の独走

　日独伊三国同盟の成立を目指していた陸軍にとって、独ソ不可侵条約の締結はまさに寝耳に水のことだった。ところが意気消沈していた陸軍を元気づける大事件が起きた。平沼《ひらぬま》内閣に代わって阿部《あべ》信行《のぶゆき》内閣が誕生した直後の1939年（昭和14）9月1日、ドイツがポーランドに侵攻して第2次世界大戦が始まったのだ。そして翌年になってもドイツ軍の快進撃は止まらず、英仏軍は地滑り的惨敗を繰り返していた。

　イギリス軍はダンケルクの戦いで本国に撤退、フランスは降伏した。日本軍の中枢部には、ドイツ軍の勝利は確実なものに映った。

　ドイツの快勝は、アジアにおける植民地帝国であるイギリス、フランス、オランダの権威を失墜させた。

「バスに乗り遅れるな」という合言葉が流行し、陸軍を中心に南進論が勢いを増した。南進論とは石油やゴム、鉱物資源など戦略物資の宝庫である東南アジアを攻略して、資源の米英依存からの脱却を目指すことだった。同時に欧米植民地国家に代わって、日本が盟主となる「大東亜共栄圏」を建設するという壮大な構想が掲げられた。

しかし、南進論を推し進めるには阿部内閣に代わった米内光政《よないみつまさ》内閣を倒さなければならない。陸軍は軍部大臣現役武官制を悪用して倒閣に動いた。畑俊六《はたしゅんろく》陸相をやめさせて後任を出さなかったため、米内内閣は総辞職に追い込まれた。

こうして１９４０年（昭和15）7月22日に第2次近衛《このえ》内閣が発足し、南進論を遂行するために「世界情勢ノ推移ニ伴フ時局処理要綱」を決めた。この政策こそが、以後の日本の針路を決定づけた。つまり対米戦争はなるべく避けたいが、準備だけはしておくという要綱である。そして同年9月23日、日本軍は「援蔣《えんしょう》ルートを遮断する」ために中国側から国境を越えて仏印（現在のベトナム、カンボジア、ラオス）になだれ込んだ。いわゆる北部仏印進駐で、南進の第一歩だった。

そして4日後の9月27日、日本は遂に念願の日独伊三国同盟に調印した。この北部仏印進駐と三国同盟締結によって、ヨーロッパの戦争と日中戦争が連動し、同時に米英の対日姿勢を決定的に硬化させた。

イギリスは中止していたビルマ（現ミャンマー）からの援蔣ルートを再開し、アメリカは石油とくず鉄の対日輸出を許可制にし、航空機用のガソリンの輸出を禁止した。さらに将来の参戦を前提に軍備の大拡張に乗り出した。対日全面禁輸に踏み切らなかったのは、軍備が整うまでの時間稼ぎだった。

1940年（昭和15年）7月16日に米内内閣が総辞職し、次期首相の大命が翌17日に近衛文麿に降下した。写真は17日夜、参内のため私邸の荻外荘（てきがいそう）を出る近衛。

ドイツのポーランド侵攻
1939年（昭和14）9月1日

アドルフ・ヒトラー
ポーランド侵攻で開始されたヒトラーの世界征服戦争

Profile

ドイツ国総統
・ドイツ国民の圧倒的支持を得て、ゲルマン民族の優越と反ユダヤ主義を標榜。
・ポーランドに侵攻、英仏がドイツに宣戦布告して第2次世界大戦が開始された。

生没年　1889年～1945年　56歳没
出身地　オーストリア・オーバーエスターライヒ州（ブラウナウ・アム・イン）

1933年（昭和8）1月30日、ドイツにヒトラー内閣が成立した。ヒトラーは施政方針演説で「国際協調と平和外交」を掲げたが、内心は戦争による大ドイツ圏確立とユダヤ人絶滅を狙っていた。国力増強と国民の支持を得たヒトラー政権は、1938年（昭和13）から行動を開始する。3月、オーストリアに侵攻し、無血併合に成功したのだ。

ヒトラーの野望はとどまるところを知らず、今度は隣国チェコスロバキアにズデーテン地方の割譲を要求した。両国関係は緊張する。戦争に持ち込み、一挙に問題を解決したいヒトラーであったが、イギリス、フランスが戦争を阻止しようと、調停に乗り出してきた。チェコスロバキアにズデーテン地方を割譲するよう圧力をかけたのだ。9月29日、ミュンヘンで、ヒトラー、ムッソリーニ（イタリア首相）、チエンバレン（イギリス首相）、ダラディエ（フランス首相）の4カ国首脳会談が開催される。ミュンヘン会談において、ズデーテン地方をドイツに割譲することが確定された。後ろ盾を失ったチェコスロバキアは要求を呑《の》むほかなく、10月1日、ドイツ軍はズデーテン地方に進駐した。

アドルフ・ヒトラー

引き続きチェコスロバキアの占領を目指すヒトラーは、同国大統領ハーハを恫喝《どうかつ》し、チェコをドイツ保護領にすることを認めさせた。1939年（昭和14）3月15日、ドイツ軍はプラハを占領する。ドイツの横暴にイギリス、フランス等は懸念を表明するが、事実上黙認していた。

ヒトラーの次なる標的はポーランドである。ポーランドに対しダンツィヒ割譲を要求したが、ポーランドはイギリス、フランスの支援を受けていたので、ヒトラーの領土割譲要求を拒否する。不満を募らせたヒトラーは、ソ連と「独ソ不可侵条約」（1939年8月）を結び、ポーランド侵攻を企図する。9月1日早朝、ドイツ軍はポーランドへの侵攻を開始。3日、イギリス、フランスがドイツに宣戦布告。第2次世界大戦の火ぶたが切って落とされた。欧米列強の平和（宥和）政策がドイツを増長させ、「世界は地獄を見る」ことになったのだ。

短期でポーランドを制圧したドイツ軍は、デンマーク、ノルウェー、フランスまで占領した。41年6月には、不可侵条約を締結していたソ連にも侵略を開始、戦線は拡大することになる。

この人のその後

ポーランド侵攻により第2次世界大戦を引き起こすが、1943年頃から連合国の反撃を受け、1945年4月30日、包囲されたベルリンの地下壕で自殺した。

阿部信行内閣誕生
1939年（昭和14）8月30日

阿部信行【あべ　のぶゆき】

世界大戦下の経済政策失敗で国民から見放された短命内閣

Profile

陸軍大将／第36代内閣総理大臣
・阿部は、陸軍の派閥に属していなかった。よって派閥争いを収めることができると天皇からも期待されていた。

生没年　1875年（明治8）～1953年（昭和28）　77歳没
出身地　石川県（金沢市）

阿部信行

1939年（昭和14）8月30日、阿部信行が首相に就任した。昭和天皇より組閣の大命が下ったのは、その2日前であった。天皇は、阿部から軍事学の講義を受けたことがあり、阿部に好感をもっていたという。しかし天皇は組閣に当たって、阿部に異例の注文をつける。

注文とは、①陸軍大臣は（規律重視型の）畑俊六《はたしゅんろく》、梅津美治郎《うめづよしじろう》から選ぶこと、②米英との協調を重んじること、③司法大臣、内務大臣人事は慎重に行うことという3点だった。人事に注文が付くのは異例であった。天皇がいかに軍部の動きを警戒していたかがわかる（陸相には畑が就任）。阿部は天皇からの注文を聞いた時の感想をこう漏らしている。「陛下は非常に厳然たる態度であり、まるで叱られているような感じを受けた」と。

組閣直後の9月、ドイツがポーランドに侵攻し第2次世界大戦が勃発《ぼっぱつ》するが、阿部は不介入の方針をとる。大戦の影響で物価が高騰したので、阿部内閣は10月20日、「全ての物価を9月18日の水準に凍結する」決定を下す。これに関連し、賃金も凍結された。総動員法も発動され、工場・物資などの管理・使用規定が定められた。

一方、この年は、西日本を凶作がおそった。凶作にもかかわらず、流通統制を行い、米価を引き上げたため、物価上昇と物資不足を招いた。経済政策の失敗と、不人気により、阿部は1940年1月14日に首相を辞任する。

この人のその後

1944年より朝鮮総督（最後の朝鮮総督）となる。戦後、A級戦犯として逮捕されるも、東京裁判開廷直前、起訴予定者リストより除外される。

米内内閣総辞職
1940年(昭和15)7月16日

米内光政【よない　みつまさ】

三国同盟締結絶対反対を貫き、陸軍の謀略で倒された良識派首相

Profile

海軍大将／第37代内閣総理大臣
・陸相経験者を推す陸軍に対し、宮中は宮廷に信用厚い米内を推した。
・親英米、良識派と目され、昭和天皇からも手腕を期待されていた。
生没年　1880年（明治13）～1948年（昭和23）　68歳没
出身地　岩手県（盛岡市）

米内光政

阿《あ》部《べ》首相の後継には、海軍大臣を歴任していた米内光政が就任する。米内内閣が成立したのは、1940年（昭和15）1月16日であるが、米内首相誕生の裏には昭和天皇の意向が多大であった。

欧州におけるナチス・ドイツの快進撃は、日本にも影響を与え、「ドイツと同盟を結ぶべし」との日

独同盟論が軍部を中心に盛んであった。しかし、米英との関係を悪化させかねない日独同盟に天皇は慎重だった。米内も「日独同盟論を抑えよう」との考えであったので、それを知った天皇が「私（昭和天皇）の方から米内を（首相に）推薦」したのだ。

その頃、ドイツ軍は欧州で連戦連勝を続けていた。6月14日には、ドイツ軍はパリ入城を果たす。このドイツの動きに、親独の気運はますます盛り上がり、陸軍の首脳は「挙国一致内閣」の成立を要求する。陸軍大臣の畑俊六《はたしゅんろく》は、参謀本部からの「陸軍大臣の善処を要望する」との突き上げをくらう。つまるところ、「陸軍大臣を辞職して内閣を倒せ」との要請であった。畑は単独辞職。米内は陸相の後任を求めるも、陸軍はこれを拒否。米内内閣は、7月16日に総辞職に追い込まれる。組閣からわずか半年余りであった。

この人のその後　小磯内閣、鈴木内閣、そして戦後の東久邇宮内閣、幣原内閣で海軍大臣を務める。最後の海軍大臣である。

三国同盟を巡る混乱
1939年（昭和14）1月〜

有田八郎【ありた　はちろう】

なぜ防共協定に賛成しながら三国同盟に断固反対したのか

Profile

貴族院勅選議員／外務大臣
・アジア通の外交官として知られていた。
生没年　1884年（明治17）〜1965年（昭和40）　80歳没
出身地　新潟県（佐渡市）

有田八郎は、広田《ひろた》・近衛《このえ》・平沼《ひらぬま》・米内《よない》内閣で外務大臣を歴任した政治家であり、外交官である。日独伊三国同盟には、反対を主張した有田であるが、日独防共協定には、賛成の意向を示していた。

1935年（昭和10）、ベルリンを訪問した際、ドイツ大使館付武官（のちに大使）大島浩《おおしまひろし》に、「日独提携には賛成である」と語っているからだ。有田は、防共協定は「漠然たる約束であるから、薄墨色に書いておくくらいなら差支えなかろう」

有田八郎

と思っていたという。１９３６年11月25日、日独防共協定は成立する。ところが、この協定成立が、のちの日独伊三国同盟成立の布石となってしまうのだ。

前述のように有田は、三国同盟には反対であった。同盟が米英との関係悪化を招くと懸念したからだ。同盟に慎重であった有田は「70数回も石橋を叩いて、ついにこれを渡らなかった」と批判された。その批判に対し「70数回叩いてみても、石橋ではなかった」と反論したのは有名である。日独の緊密化を抑止せんとした「有田外交」。しかし、米内内閣が倒れ、有田から同盟推進者の松岡洋右《まつおかようすけ》に外相が代わると、状況は一変。１９４０年（昭和15）９月27日、日本の運命を決する三国同盟がついに成立する。

この人のその後

戦後は公職追放解除の後、東京都知事にも立候補する。１９６１年、三島由紀夫の小説『宴のあと』は自らのプライバシーを侵害するものとして、三島を訴えた。

畑陸相辞任
1940年（昭和15）7月16日

畑 俊六【はた しゅんろく】

部下の突き上げで米内内閣倒閣に手を貸した陸軍の〝ロボット代表〟

Profile

陸軍大将／陸軍大臣
・温厚篤実な性格の畑は、陸軍の暴走に歯止めをかけると期待されていた。
生没年 1879年（明治12）〜1962年（昭和37） 82歳没
出身地 福島県

畑俊六

1940年（昭和15）1月14日、宮中へ参内した畑俊六（陸軍大臣）は、緊張の面持ちであった。同日、阿部信行内閣が総辞職した。畑をはじめとする陸軍は、「挙国一致内閣」を作るため、近衛文麿に「後継首相になるよう」要請していた。ところが近衛は就任を固辞していた。

そんな矢先の宮中への呼び出しである。「自分に組閣の大命降下があるかもしれない」。畑はそう信じていたという。だが、昭和天皇は「米内光政に内閣組閣を命じた。よって陸軍として協力するように」と命じたのみであった。畑は陸軍大臣として留任することになった。

その頃、ドイツがヨーロッパ戦線で快進撃を続けていた。ドイツの大勝利は、日本にも影響を与え「バスに乗り遅れるな」というスローガンを生む。資源獲得のために「東南アジアのフランス、オランダ植民地を手中にせよ」との「南進論」が幅をきかせ始めたのだ。「そのためには、政党を解散して一国一党にしなければならない」という新体制運動も盛んであった。

「一国一党こそ最善の時局対応策」とする陸軍は、倒閣運動に乗り出す。畑に陸軍大臣辞任を要請したのだ。7月16日、畑は辞表を提出。米内は陸相の後任を陸軍に要請するも、陸軍はこれを拒否。軍部の支持・協力がなければ内閣は存続できないので、同日、米内内閣は総辞職した。

この人のその後

広島において被爆する。戦後はA級戦犯として東京裁判で終身禁錮の判決を受けたが、六年後に仮釈放されて出所した。

三国同盟締結に向けて第2次近衛内閣成立
1940年(昭和15)7月22日

松岡洋右【まつおか　ようすけ】
日独伊三国同盟の締結を推進した松岡外相は何を狙っていたのか

Profile

外交官／外務大臣
・日独伊三国同盟締結を強引に推進する。
生没年　1880年（明治13）～1946年（昭和21）　66歳没
出身地　山口県（光市）

1940年（昭和15）7月19日朝、2度目の大命降下を受け、総理に就任する近衛文麿の自宅・荻外荘《てきがいそう》（荻窪）に、3人の大臣候補が集《つど》った。外相の松岡洋右、陸相の東條英機、海相の吉田善吾《よしだぜんご》である。世に言う「荻窪会談」の始まりだ。中央に松岡、その左側に近衛、右に吉田、東條が座った写真が有名である。

この会談の主要テーマは「日独伊三国同盟締結の時機と方法」であった。三国同盟の推進者である松岡は口を開く。「総理に特にお願いしたい。三国同盟は新政策として重要ではあるが、現在の最重要問題は、支那事変の解決です。事変が早期終結せず、延引したのは、中央と現地の一本化が不十分であったからです。現地が中央の意向通りに動いていれば、事変拡大はなかったのです。従って、三国同盟締結の前に外交においては、中央において全てを一本化すべきです。それを条件に私は入閣したいと思います。いかがですかな」。松岡は、眼鏡の奥から鋭い視線を一同に向けた。

松岡洋右

近衛のうなずきを認めた松岡は、さらに自身の外交政策（松岡原案）を説明する。その政策の要点は「戦時経済の確立強化をもって、内外政策の根幹とする」「東亜新秩序を建設するため日独伊の連携強化をはかり、重要政策を遂行する」「ソ連と不可侵協定を締結し、その間に軍備増強する」「英仏の植民地を東亜新秩序のなかに包含する」「米国とは、無用の対立は避ける。ただし、その干渉は断固排除する」などである。

この松岡の提案を他大臣も了解したので、ここに第2次近衛内閣の基本政策は決定した。

7月22日、近衛内閣は発足する。そして約2カ月後の9月27日、日独伊三国同盟が締結された。

松岡洋右外相の帰国歓迎大会。日ソ中立条約締結などをして帰国（昭和16年4月22日）。日比谷公会堂。

この人のその後

A級戦犯として、GHQに逮捕されるも、無罪を主張。東京裁判の公判中に東大病院で病死する。

暴走する陸軍
北部仏印進駐
1940年（昭和15）9月23日

冨永恭次【とみなが　きょうじ】

北部仏印武力進駐を強行し、日米関係を悪化させた参謀本部作戦部長

Profile

陸軍少将／参謀本部作戦部長
・陸軍強硬派として、仏印武力侵攻を企む。
生没年　1892年（明治25）～1960年（昭和35）　68歳没
出身地　長崎県

冨永恭次

1940年（昭和15）8月30日、松岡洋右外務大臣とアンリ駐日フランス大使との間に「松岡・アンリ協定」が成立した。この協定は日本軍の「フランス領インドシナ北部（北部仏印）進駐」に関するものであり、「進駐は軍事占領の性質をもつものではない」ことが盛り込まれた。

日本の仏印進駐の目的は、いわゆる「援蔣《えんしょう》ルート」の遮断にあった。援蔣ルートとは、アメリカ、イギリスが国民党の蔣介石に軍需物資を援助するためのルート（輸送路）のことである。協定の細部は西原一策《にしはらいっさく》少将と、仏印の軍司令官が詰めることになっていた。しかし、その進駐名目が「必要なる資源の獲得に努む　情況により武力を行使することあり」と変化していく。第2次近衛《このえ》内閣の基本方針「世界情勢の推移に伴う時局処理要綱」が影響を与えたのだ。

　西原少将と仏印軍司令官マルタンとの間に「西原・マルタン協定」が結ばれ、進駐日時等を検討中に事件は起こった。9月23日、参謀本部作戦部長・冨永恭次少将ら「武力進駐強硬派」が、大本営の命令を無視して、ドンダン要塞を攻撃したのだ。同月25日、仏印守備隊は降伏。日本の武力侵攻に怒ったアメリカは、翌26日、日本へのくず鉄全面禁輸に踏み切る。日米関係は悪化の一途を辿《たど》る。冨永は、この時の独断専行を責められ、左遷されるが、東條《とうじょう》内閣成立後には、陸軍省人事局長としてカムバックを果たしている。

この人のその後

戦後、シベリアのハバロフスク収容所に抑留。１９５５年４月、引揚船にて帰国。

遠のく日中和平
近衛首相、南京政府を承認
1940年(昭和15)11月30日

汪兆銘【おう　ちょうめい】
日本の傀儡政権を樹立して日中和平の道を探った指導者

Profile

中国の政治家／南京国民政府主席
・知日派・親日派であったため、国民党から激しい憎悪を浴びる。
生没年　1883年～1944年　61歳没
出身地　中国・広東省（仏山市）

汪兆銘（汪精衛）

「一面抵抗　一面交渉」とは、1932年に中国国民党の有力指導者の一人・汪兆銘（精衛《せいえい》）が掲げた戦略の要諦である。日本と全面戦争をするには、今の中国はあまりにも軍事力が劣る。今こそ交渉能力を発揮すべきではないか「我が国は抵抗と同時進行で交渉能力を発揮すべきではないか」と汪は考えたのだ。

汪兆銘の遺体が埋葬された中山陵のほとりの梅花崗に建てられた石像は戦後破壊され、現在は後ろ手に縛られた石像となり、「民族罪人」と彫られている。

しかし、汪の思考法は、国民党内部でなかなか受け入れられなかった。特に対日強硬派たちは、汪を白眼視。汪が「一面交渉」をすればするほど、汪を対日譲歩の漢奸《かんかん》（漢民族の裏切り者）と見なすようになる。特に国共合作以降、「安内攘外《あんないじょうがい》」（国内の混乱、つまり共産党討伐を完了してから、外敵を追い出す）という言葉は死語になっていた。

「国民政府を対手《あいて》とせず」の近衛声明により、泥沼にはまり込んだ日中戦争であるが、日本も解決策、和平の糸口を探していた。その交渉相手として日本側に見込まれたのは、抗日を叫ぶ蔣介石ではなく、和平を訴える汪であった。日本は、汪と蔣介石を絶縁させ、汪に新政府（実質的には日本の傀儡《かいらい》政権）を樹立させることを狙っていたのだ。

汪は日本との交渉を経て、1940年3月、南京《ナンキン》に国民政府を設立する。同年11月、日本の近衛文麿政権は、南京政府を承認する。しかし、汪政権は、国際的にも中国国内でも支持を得られなかった。

この人のその後

日本にて病死。南京郊外に埋葬された。戦後、汪の棺は国民党によって暴かれ、遺体は灰にされて、捨てられた。

日米交渉と南部仏印進駐

アメリカの対日輸出制限は日本の戦争経済にボディーブローのように効いてきた。日本政府はなんとか局面を打開しようと、１９４１年（昭和16）4月16日からワシントンで野村吉三郎《のむらきちさぶろう》大使とハル国務長官との間で日米交渉を開始した。

しかし、双方に妥協する姿勢は見られず、行き詰まっていった。特にアメリカには戦争を回避しようという積極性は見えず、戦争準備の時間稼ぎ的姿勢に終始した。

日米交渉が暗礁に乗り上げようとしていた7月28日、日本政府はフランスのヴィシー政権に日本軍の南部仏印（現在のベトナム南部）進駐を迫り、実行した。仏印総督は日本軍と戦っても勝てるはずがないと、日本軍進駐を受け入れたのである。日本軍の最大の目的は、航空基地を作ることだった。仏印からならば英領マレーやシンガポール、蘭印（オランダ領東インド）攻撃の前進基地になる。北部仏印に進駐した時よりも、米英に対する威嚇はより現実的になった。日本はそれによってアメリカの最後の譲歩を得ようとしたのだ。

しかし、日本の思惑に反してアメリカの反応は激しかった。7月25日に日本の在米資産を凍結すると、8月1日には石油の対日全面禁輸を実施した。イギリスもただちに在英日本資産を凍結し、通商航海条約の破棄を通告してきた。蘭印やオーストラリア、ニュージーランドも同調した。

アメリカの対日石油全面禁輸は、日本政府に対米戦争を決意させる決定的なものとなった。当時の日本には石油の備蓄はまだかなりあったが、それでも2年半程度で日本海軍の軍艦はもちろん、航空機も燃料切れになることがはっきりした。日本は日米交渉でアメリカが要求する中国からの撤兵にも、日独伊三国同盟の骨抜きにも応じず、蘭印の石油を獲得して英米との戦争に踏み切ろうとしていた。

9月6日、日本政府は御前会議で「帝国国策遂行要領」を採択した。その要領によれば、10月下旬を目標に戦争の準備をし、10月下旬になっても日米交渉がまとまらなければ、「自存自衛」のために開戦を決意するというものだった。

だが、近衛首相は対米戦に勝てるという自信がもてなかった。結局、近衛は「戦争に私は自信がない。自信のある人にやってもらわねばならぬ」と言って10月16日に内閣総辞職した。

米英との戦争を呼び込んだ日本軍の南部仏印進駐

日米交渉①
対日石油輸出
全面禁止
1941年(昭和16)
8月1日

フランクリン・D・ルーズベルト

「アメリカは民主主義の兵器工場」になると宣言、大戦参加を画策した米大統領

Profile

アメリカ合衆国第32代大統領
・20世紀前半の国際政治における中心人物。
・第2次世界大戦に米国民を巻き込まないと公約して3選を果たしたが、本人は参戦の機会をうかがっていた。
生没年　1882年〜1945年　63歳没
出身地　アメリカ・ニューヨーク州（ハイドパーク）

「今、世界には不法という疫病が蔓延《まんえん》しているように思えます。疫病が発生すると、社会は患者を隔離し、健康な人に感染することを防ぎますが、戦争も伝染力がある。それが宣戦したものであろうとなかろうとです」

日中戦争が始まって3カ月後の1937年（昭和12）10月5日、米大統領ルーズベルトは、名指しこそしていないが、宣戦布告をしないで日中戦争を始めた日本を

批判し、中国への支援を鮮明にする演説を行った。

その後、日英間に発生した「天津《てんしん》イギリス租界問題」に米国が介入して「日米通商航海条約」が破棄され（１９３９年7月、失効は１９４０年1月）、「国防強化促進法」によって、石油、くず鉄などの輸出が米国防省の許可制になる（１９４０年７月）など、ルーズベルトの対日経済政策は、牽制から制裁へと進んだ。

さらに、日本の「北部仏印進駐」「日独伊三国軍事同盟締結」（いずれも１９４０年9月）は、日米関係を一層悪化させ、アメリカはくず鉄の対日禁輸を行った。

この直後、11月の大統領選挙でルーズベルトは、「アメリカ青年を戦場に送らない」と公約して3選を果たした。しかし、そう公約したものの、その年の暮れ（12月29日）に、ルーズベルトは、「今日《こんにち》、アメリカ文明は最大の危機にさらされている。アメリカは民主主義の偉大な兵器工場たらねばならない」とラジオで炉辺談話《ろへんだんわ》を放送した。

フランクリン・D・ルーズベルト

また、年が明けた１９４１年（昭和16）１月６日、ドイツと戦うイギリスへの支援を明確にし、3月11日、米議会は「武器貸与法」を成立させ、友好国に対する武器の支援を法制化した。

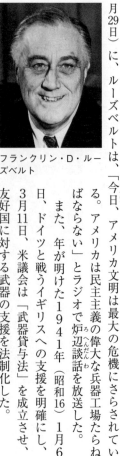

資源がない日本は、ルーズベルトが次々に打ち出す強硬な政策に脅威を感じた。なかでも、大半をアメリカからの輸入に頼っている石油が、もし禁輸になった場合、軍艦も飛行機も動かすことができなくなってしまう。

そこで日本は、南方への進出を目論《もくろ》み、特に蘭印の石油を獲得するための足がかりとして、フランス政府を脅迫、屈服させた形で、1941年（昭和16）7月28日、南部仏印進駐を強行した。

日本の南部仏印進駐の動きを知ったルーズベルトは、即反発した。第一弾として7月25日、在米日本資産を凍結。同じ日にダグラス・マッカーサー少将を米極東陸軍総司令官に任命し、日本の南進策を意識してフィリピン人部隊をマッカーサーの指揮下に編入。フィリピンをアメリカのアジア戦略上重要な基地と位置付けた。

さらに、8月1日、ルーズベルトはついに、対日石油輸出全面禁止を断行した。

ルーズベルトの強烈な対日経済制裁に、日本政府、軍部は、大きな衝撃を受けた。以後、日米交渉は行き詰まり、両国の関係修復は困難な状況となった。

この人のその後

日本の真珠湾攻撃によって念願の第2次世界大戦に参戦し、1944年11月には先例のない4選を果たした。しかし、勝利目前の1945年4月12日、脳卒中で死亡した。

日米交渉②
日米交渉開始
1941年（昭和16）
4月16日

野村吉三郎【のむら　きちさぶろう】

日米交渉の大役を押し付けられた知米派海軍大将の悲哀

Profile

海軍大将／日米交渉時の駐米大使

・アメリカの経済制裁を回避しようと「日米交渉」の駐米大使に任命された。

・三国同盟と日米親善を両立できるわけがなく、成果を上げられなかった。

生没年　1877年（明治10）～1964年（昭和39）86歳没

出身地　和歌山県（和歌山市）

野村吉三郎

米国の対日輸出制限は、日本の戦争経済にボディーブローのように効いてきた。米国の経済制裁を回避して、日独伊三国軍事同盟締結以降、悪化の一途をたどる日米関係を修復するため、日本政府は、アメリカの受けがよく、ルーズベルト大統領をはじめ、米国の政府高官や陸海軍の将官とも人脈のある予備役海軍大将・野村吉三郎を駐米大使として派遣した。

そして野村がコーデル・ハル国務長官と秘密会談を行ったのが1941年（昭和16）4月16日。以来、野村は悪化した日米関係を修復しようと、交渉を40数回も行った。その間ルーズベルト大統領と近衛首相の会談も検討されたが、「南部仏印進駐」をはじめ、日本はアメリカを刺激することばかり繰り返し、途中から交渉は暗礁に乗り上げてしまった。米国に譲歩するべきなのか、戦争を覚悟で既定方針でいくべきか、日本政府は混乱していた。

結局、野村は努力が報われることなく、梯子《はしご》をはずされた格好で、1941年（昭和16）12月8日の開戦を迎えた。

野村は終生言い続けた。「いかなる妥協も戦争よりはましだ」と。

この人のその後

日米開戦後、抑留者交換船で翌年8月に帰国し、枢密顧問官に転じた。終戦後は公職追放となるが、日本ビクターの社長に就任。海上自衛隊の創設に関わった後、参議院議員。

南部仏印進駐
天皇に開戦を上奏
1941年(昭和16)7月28日

永野修身【ながの　おさみ】
アメリカの石油禁輸制裁を受けて天皇に「開戦」を上奏した軍令部総長

Profile

海軍大将／日米開戦時の軍令部総長
・日本軍の南進を容認し、南部仏印進駐を決定した。
・その結果、対米戦争に拍車をかけることになった。

生没年　1880年（明治13）～1947年（昭和22）　66歳没
出身地　高知県（高知市）

永野修身

日本海軍の3つの最高ポストである「海軍大臣」「軍令部総長」「連合艦隊司令長官」を永野修身はすべて歴任した。永野は海軍軍人としてはこれ以上ない栄華、栄進を極めたが、日米開戦前の永野の言動には、「アメリカとは戦争できない」といった毅然《きぜん》とした姿勢が見られず、首を傾けざるを得ない印象がある。

1941年（昭和16）4月に軍令部総長になった永野は、積極的な開戦派ではないが、開戦強硬派の中堅士官たちの意見を受け入れ、南部仏印進駐に賛成していた。日本の南部仏印進駐に対してアメリカは強く反発し、対日石油全面禁輸を断行、日本は窮地に追い込まれた。この時永野は、「座して死を待つよりは」と昭和天皇に開戦を上奏した。天皇に「捨て鉢の戦《いくさ》をするつもりか」との感想を抱かせたといわれる。

実際の進駐第一歩は7月28日だった。フランスのヴィシー政権に日本軍の南部仏印進駐を迫り、実行したのだ。

この人のその後

1943年6月、元帥となる。戦後はA級戦犯として起訴されたが、裁判中に巣鴨拘置所で病死した。

陸軍の強硬派
南部仏印進駐開始
1941年(昭和16)7月28日

佐藤賢了【さとう　けんりょう】

南部仏印進駐の熱心な推進者だった「黙れ事件」の軍務課長

Profile

陸軍大佐／陸軍省軍務課長

・軍拡路線を推し進めようとする陸軍の中でも、陸軍省軍務局軍務課長という立場の佐藤は日米開戦を唱え、南部仏印進駐も強力に推進した。

生没年　1895年（明治28）～1975年（昭和50）　79歳没

出身地　石川県（金沢市）

佐藤賢了

日中戦争が長期化の様相をみせ始めた1938年（昭和13）2月24日、政府（第1次近衛内閣）は、人と物の全てを戦争に動員できる国家総動員法案を衆議院本会議に提出した。強力な統制権限が広い範囲に及ぶ、戦争のためなら何でもありのこの法案には、当然反対や批判もあったが、軍部は強引に押し通そうとした。

3月3日の審議で、政府説明員の佐藤賢了（当時陸軍省軍務局軍務課国内班長、陸軍中佐）は、説明の範囲を逸脱して延々と政策論を展開した。苛立《いらだ》った政友会の宮《みや》脇長吉《わきちようきち》（旅行作家宮脇俊三《みやわきしゆんぞう》の父）が、「長すぎる」と野次を飛ばし、発言資格を問い質《ただ》した。

これに対して佐藤は「黙れ」と一喝、委員会は紛糾した。有名な「黙れ事件」である。杉山陸相が詫びてその場を収め、「国家総動員法」は、4月1日に公布（施行は5月5日）された。

佐藤は、1940年（昭和15年）9月の北部仏印進駐の際、南支那方面軍参謀副長の職にあったが、当時参謀本部作戦部長で、参謀本部職権代行者を自称する冨永恭次少将とともに武力進駐を強行。佐藤自ら自伝に仏印総督から大いに嫌われたことを書いている。そして、軍務局軍務課長となってからも、南部仏印進駐を熱心に推進した。

この人のその後

1944年12月支那派遣軍総参謀副長。1945年3月、中将に昇進し、4月に第37師団長。戦後はA級戦犯として起訴され、終身刑の判決を受けて服役。

海軍の強硬派
海軍国防政策
委員会設置
1940年（昭和15）12月

富岡定俊【とみおか　さだとし】

軍令部総長に代わって海軍作戦を実質的に主導した作戦課長

Profile

海軍大佐／軍令部作戦課長
・対米強硬派課長クラスで固められた海軍国防政策委員会第一委員会メンバー。
生没年　1897年（明治30）～1970年（昭和45）　73歳没
出身地　広島県（江田島市）

富岡定俊

1940年（昭和15）12月、海軍中央に「海軍国防政策委員会」が設置された。その中の第一委員会が、国防政策や戦争指導の方針を担当し、メンバーは海軍省、軍令部の対米強硬派である若手課長クラスで固められた。

富岡定俊は、その第一委員会の主要スタッフの一人であり、海軍の政策は実質的にこの委員会が決定を左右した。富岡は他のメンバーとともに、南方への進出など、対米強硬政策を推し進め、ジリ貧になるよりは……と開戦論を唱えた。

富岡は戦後〝一定の石油の備蓄があったので日米開戦となったが、結果として苦労して備蓄した石油が却《かえ》って災いになったともいえる〟といった意味のことを語っている。

この人のその後

1943年少将に進級。終戦時には軍令部第一部長。1945年9月、アメリカ海軍の戦艦ミズーリ号上で行われた降伏文書調印式には随員として参加している。

Part 5

東條内閣の登場

近衛内閣の総辞職を受けて、1941年（昭和16）10月18日、陸軍大臣で対米開戦派の東條英機《とうじょうひでき》大将を首班とする新内閣がスタートした。近衛内閣を潰した張本人が首相になったのだから、アメリカは日本が開戦を決意したと受け止めた。

しかし、日本側はまだ日米交渉をあきらめてはいなかった。天皇は東條に、9月6日の御前会議で決定した、日米交渉が10月下旬までにまとまらなければ開戦するという決定を白紙に戻し、検討しなおせ、と命じたのである。

そこで東條内閣は発足直後から「国策の再検討」を行ったが、結局、11月5日の御前会議で11月30日まで日米交渉を行い、これが不成立の場合は、12月初旬の武力発動を決意すると決定したのだ。

とはいえ、日本には日米関係を打開する新しいアイデアは特になかった。それでも甲案、乙案と呼ばれる最後の妥協案を作成した。甲案は日中和平を条件に華北《かほく》と海南島《かいなんとう》には25年間駐留するが、その他の地域からは2年以内に撤退するというもの。乙案は南部仏印から撤退する見返りにアメリカは石油などの輸出に応じるべきだとする緊急避難的な内容だった。

アメリカは甲案に関してはほとんど興味を示さず、乙案に対して暫定的な妥協案を作成した。だが関係国のうち中国が猛烈に反対したため、アメリカは結局妥協案を出さなかった。

そして野村・来栖《くるす》両大使に手交されたのが「ハル・ノート」（包括的基礎協定提案）だった。その内容は日本の中国、仏印からの即時無条件撤退、蔣介石政権以外の中国政権の否認、三国同盟の事実上の無効化などだった。

アメリカの要求は、それまでの日米交渉でアメリカが示したどの条件よりも過酷なものだった。アメリカは、日本は受け入れられないだろうということを見越して提案してきたのである。この「ハル・ノート」を日本は最後通牒《つうちょう》と受け取った。

東條内閣スタート時の閣僚

開戦か回避か①
東條英機内閣成立
1941年（昭和16）10月18日

東條英機【とうじょう　ひでき】

思わぬ首相の座を手にした開戦論者の独裁政治スタート

Profile

陸軍大将／日米開戦時の第40代内閣総理大臣
・憲兵政治を推し進め、反対勢力を排除。
・第2次近衛内閣の陸相として初入閣し、陸軍の声を代弁する立場だった。
生没年　1884年（明治17）～1948年（昭和23）　63歳没
出身地　東京都（千代田区、本籍は岩手県）

東條英機

1941年（昭和16）10月12日、近衛文麿首相は荻窪の私邸荻外荘《てきがいそう》に、東條英機陸相（当時）、及川古志郎《おいかわこしろう》海相、豊田貞次郎《とよたていじろう》外相、鈴木《すずき》貞一《ていいち》企画院総裁を招き、米国との和戦を決める五相会議を行った。

中国からの撤兵を視野に入れても和平の道を

探ろうとする近衛に対し、東條は「中国からの撤兵は日本陸軍にとって心臓が止まるような話だ」と強く反対。2日後の14日の閣議でも2人は対立した。

開戦やむなしと考える東條は、近衛に、「人間たまには清水の舞台から目をつぶって飛び降りることも必要ですよ」と対米強硬論を発すれば、近衛は、「それは一個人の生涯としてはありうるが、悠久の運命をもつ国としては、あえてなすことではありますまい」と応酬。閣内不統一が決定的となり、近衛は10月16日、首相を辞任。投げ出した形で内閣総辞職した。そして、2日後の10月18日、東條内閣が成立した。東條を総理大臣に推挙したのは、内大臣の木戸幸一《きどこういち》であった。

近衛内閣を崩壊させたことで、昭和天皇から叱責されるのを覚悟して宮中に参内した東條にとって、組閣の大命は青天の霹靂《へきれき》であった。

『昭和天皇独白録』（寺崎英成《てらさきひでなり》・御用掛日記）にこの時の後継首班の人選について、次のようなくだりがある。

「9月6日の御前会議の内容を知った者でなければならぬし、且又陸軍を抑えうる者であることを必要とした」

1カ月半近く前の9月6日の御前会議で決めた事実上開戦決定の条項を白紙にもどす。東條なら陸軍を統御できる。東條は天皇に絶対忠義を尽くす人間である。内大臣木戸幸一のこうした意向に、昭和天皇は「虎穴に入らずんば虎児を得ずだね」と言われたという。和平交渉に望みをかけていた昭和天皇の胸中を窺《うかが》い知ることができる。

しかし、東條内閣は「避戦内閣」にはならなかった。陸軍の主戦派は東條内閣の誕生を大歓迎した。新聞は連日のように米英の横暴を書き立て、煽《あお》られた国民の戦意は高揚し、意識は開戦へと傾斜していった。

東條は、昭和天皇の命を受け、「お上の御心を考えなければならぬ」と陸相時代の対米強硬の姿勢から、東條なりに避戦の道を探ろうとした。しかし、陸海軍の統帥部は、先に記した御前会議での決定条項の白紙撤回に向き合おうとせず、対米交渉はアメリカが日本を挑発するように（実際挑発していたのだが）厳しくなる一方で、内外の情勢は、もはや戦争回避の選択を困難にしていた。

東條内閣が誕生してから52日目の12月8日、太平洋戦争が始まった。

この人のその後

1944年7月、サイパンが陥落し、本土防衛が危うくなると内閣を総辞職した。戦後A級戦犯で起訴され、絞首刑。

開戦か回避か②
東條英機内閣成立
1941年(昭和16)10月18日

木戸幸一【きど　こういち】
東條内閣を誕生させた内大臣の罪と罰

Profile

侯爵／内大臣▼明治の元勲・木戸孝允の孫
・昭和天皇の側近として宮中政治に関与した。東條内閣誕生後は内閣最大の支柱となった。

生没年　1889年(明治22)～1977年(昭和52)　87歳没

出身地　東京都(港区)

木戸幸一

木戸幸一は明治の元勲木戸《きど》孝允《たかよし》の孫で、1940年(昭和15)6月に内大臣に就任した。当時内閣が総辞職すると、元老の西園寺《さいおんじ》公望《きんもち》が中心になって重臣の意見を聞き、後継の首相候補を天皇に推薦するのを常としていた。

しかし、米内光政内閣が総辞職し、第2次近衛内閣が成立する時(1940年7月)、西園寺が高齢のため、内大臣の木戸が重臣会議を召集して意見を聞き、近衛を天皇に推挙、西園寺に同意を求める方式がとられた。

その年の11月に西園寺が亡くなると、内閣組閣の権限は天皇の耳目である内府に移り、木戸の権限は強大なものとなった。

そして、1941年（昭和16）10月、第3次近衛内閣が総辞職すると、木戸は主戦論者である東條英機陸相を天皇に推挙し、東條内閣を誕生させた。木戸は東條を首相に推挙した理由について、東京裁判で次のように述べている。

「彼（東條）は陸相に任命されて以来、勅命には非常に厳格であった。彼は御前会議（9月6日）の決定事項（日米開戦辞せず）も取り消し、新たな基礎に立って情勢の再検討を御下命になれば、勅命に従って彼の自己の政策を変えるだろうと信じた」

この人のその後

天皇の側近として宮中政治に深く関わった木戸は、終戦に向けて政府と天皇の間を取り持った。終戦後はA級戦犯として東京裁判で終身刑の判決を受けたが、のち仮釈放。

開戦か回避か③
東條英機内閣成立
1941年（昭和16）10月18日

嶋田繁太郎【しまだ しげたろう】

軍令部総長も兼ねて戦争を推進した「東條の操り人形」

Profile

海軍大将／開戦時の海軍大臣
・主に軍令部に在籍し、伏見宮博恭王軍令部総長の信任を得る。
生没年 1883年（明治16）～1976年（昭和51） 92歳没
出身地 東京都（渋谷区）

嶋田繁太郎

第3次近衛内閣が総辞職し、当時陸相だった東條英機に大命が降下して東條内閣が誕生（1941年10月）すると、東條は海軍大臣に、横須賀《よこすか》鎮守府長官に就いてわずか1カ月ほどの嶋田繁太郎大将を起用した。当初海相の候補は呉《くれ》鎮守府長官の豊田副武《とよだそえむ》大将であったが、東條が陸軍ぎらいの豊田を忌避したといわれている。

嶋田は海相就任の要請を固辞した。しかし、永野修身軍令部総長や伏見宮博恭王《ふしみのみやひろやすおう》元帥から説得、勧告され、嶋田は断りきれなくなって引き受けてしまった。

嶋田は海軍大臣になるまで軍政に携わった経験がなかった。そのため、日米開戦が避けられない状況になるまでの経緯がよくわからず、自身のしっかりした考察がないまま、伏見宮から「すみやかに開戦せざれば戦機を逸す」と言われると、海軍省の幹部たちに「この戦争の決意をなす」「海相一人が戦争に反対したため戦機を失しては申し訳ない」とあっさり日米開戦を伝えた。1941年（昭和16年）10月30日のことである。

嶋田は陸海協調路線に沿って、開戦後も東條に協力を惜しまなかった。そのため、東條の「副官」「東條の腰巾着」などと揶揄《やゆ》された。開戦時の海軍大臣であるが、戦後、「私は敗戦には責任を感じるが、開戦には責任を感じない」と述懐している。

この人のその後

戦後、A級戦犯として東京裁判で裁かれ、無期禁錮となった。1955年に赦免され、以後沈黙を貫いた。

大詰めの日米交渉①　ハル・ノート提示
1941年（昭和16）11月26日

コーデル・ハル

最初の一撃は日本にやらせろ……「ハル・ノート」で決着をつけたアメリカの参戦準備

Profile

アメリカの弁護士／判事、連邦下院・上院議員を経て国務長官
・日本への経済制裁強化など日米交渉で日本を手玉にとった。
生没年　1871年～1955年　83歳没
出身地　アメリカ・テネシー州（ピケット郡）

コーデル・ハル

コーデル・ハルは1933年（昭和8）～1944年（昭和19）の11年間、ルーズベルト政権の国務長官を務めた。

1941年（昭和16）11月26日、ハルは、野村吉三郎駐米大使と、新たに日本政府から派遣され、ワシントンに着いて間もない来栖《くるす》三郎《さぶろう》特派全権大使に、「包括的基礎協定案」いわゆる「ハル・ノート」を手交した。6日前の11月20日、野村、来栖両大使は、日本が歩み寄りを見せた「乙案」を提示し、対米和平に一縷《いちる》の望みをかけた。しかし、渡された「ハル・ノート」の内容は、「中国、仏印からの全面撤兵」「満州国非承認」「三国同盟の廃棄」「蔣介石《しょうかいせき》の国民政府以外の政府、政権の否認」を日本に求めるという、これまでの日米交渉をまったく無にしてしまう強硬なものであった。

「ハル・ノート」は、日本側にとって譲歩の余地がないものであった。日米戦の最初の一撃を日本に仕掛けさせたい、との思惑があったという疑いもある。

日本は「ハル・ノート」を最後通牒《つうちょう》とみなし、12月1日の御前会議で対米英蘭に対して開戦を決定。ニューヨーク・タイムズ紙は、「ハル・ノート」手交の翌日(11月27日)、日米関係は戦争突入という最終段階にあることを強く印象付ける記事を掲載した。ハルはスチムソン陸軍長官に、「これからは陸海軍の出番だ」と伝えた。

この人のその後　国際連合の創立に尽力し、1945年にノーベル平和賞を受賞している。

大詰めの日米交渉②
潰された日米諒解案
1941年(昭和16)4月

岩畔豪雄【いわくろ　ひでお】
松岡外相に握りつぶされた日米関係健全化の「日米諒解案」

Profile

陸軍大佐▼**開戦時の軍務・後方勤務要員養成所**（陸軍中野学校）**の設立者**・日米関係の調整のため日本大使館付特別補佐官として渡米、日米交渉を行う。

生没年　1897年（明治30）～1970年（昭和45）　73歳没

出身地　広島県（安芸郡倉橋島）

岩畔豪雄

岩畔豪雄は陸軍軍務課長時代、米国に長期出張し、三国同盟以降悪化していく日米関係を健全化させようと、大蔵省出身で産業組合中央金庫理事の井川忠雄《いかわただお》と一緒に、水面下で調整工作に動いた。米側はカトリック界の有力者が関わった。ハル国務長官も好意的で野村吉三郎駐米大使とともにに、ルーズベルト大統領と近衛文麿首相が直接会談して、日米間の問題を解決しようという内容の「日米諒解案」をまとめた。

しかし、松岡洋右外相が強硬に反対したため、この計画は骨抜きになってしまった。1941年（昭和16）4月のことである。

同年8月15日、米国への長期出張から日本に帰国した岩畔は早々に、日本と米国の国力の差があまりにも大きいことを、陸海軍省をはじめ、参謀本部、軍令部、宮内省などを回って説明した。それは、「鋼鉄は1対20、石炭は1対10、石油に至っては1対500、飛行機の生産力1対5、自動車の生産力1対450……」といったように具体的に数字で示した説明であり、それを根拠に日米開戦の愚を説いた。

しかし、こうした岩畔の理詰めの開戦反対論は、開戦不可避の空気が高まっていくなか、聞く耳を持たれることはなかった。そればかりか、岩畔は8月24日、省部から追放される形で、仏印に進駐していた近衛歩兵第5連隊の連隊長として飛ばされてしまった。

この人のその後　最終階級は少将。戦後は戦争哲学への傾斜を深め、1965年（昭和40）、荒木俊馬、小野良介らと京都産業大学の開学に関わった。

真珠湾奇襲構想
山本から
及川への私信
1941年（昭和16）
1月7日

及川古志郎【おいかわ　こしろう】

山本五十六連合艦隊司令長官から真珠湾奇襲攻撃構想を最初に打ち明けられる

Profile

海軍大将▼第2次近衛文麿内閣の途中で海軍大臣に就任
・米内光政や山本五十六の海軍良識派の反対を抑え、三国同盟締結に賛成。

生没年　1883年（明治16）～1958年（昭和33）　75歳没

出身地　新潟県（古志郡、本籍は岩手県）

及川古志郎

日米が対立し、戦争が秒読みに入っている頃、山本五十六連合艦隊司令長官は密《ひそ》かに真珠湾奇襲攻撃の構想を練っていた。その山本長官が初めて真珠湾作戦の具体的な計画を第三者に打ち明けたのは、1940年（昭和15）11月下旬。相手は及川古志郎海相で、口頭で作戦内容を意見具申した。

さらに、山本は翌1941年1月7日付で及川に長文の手紙を送った。その手紙は3000字近い長文で、アメリカに対する作戦方針が詳《つまび》らかに記されていた。内容は「開戦劈頭《へきとう》、わが航空部隊をもって米主力艦隊に痛撃を与え、米国の海軍及び国民の士気を救うべからざる程度に沮喪《そそう》させる」こと。加えて「同時に南方作戦を開始し、米主力艦隊の損害により士気の沮喪するであろう南方地域の敵を撃破して、急速に要地を攻略確保する」ことというものだった。そして、山本本人が航空艦隊司令長官を拝命し、攻撃部隊を自ら指揮したい旨と、この大作戦を行う際には、連合艦隊司令長官を別の人間に譲りたいと記してあった。

山本の手紙を読んだ及川は、格下の航空艦隊司令長官に降格してまで直接指揮をとりたいという山本の言葉をどう捉えたのだろうか。おそらく山本は米内光政に連合艦隊司令長官として現役復帰してほしいという思いを、及川に伝えたかったのではないだろうか。

この人のその後

海相辞任後は軍事参議官、海上護衛司令部長官、軍令部総長などを歴任した。

第2部

開始された太平洋戦争

Part 1

山本五十六の真珠湾奇襲攻撃構想

■ 山本辞任の脅しで決まった真珠湾攻撃

真珠湾《しんじゅわん》攻撃を発案したのは、連合艦隊司令長官を務めていた山本五十六大将だった。山本はずっと日米開戦には反対しており、もし戦争をしたとしてもアメリカには絶対に勝てないと考えていた。この考え方こそが、真珠湾攻撃構想の根底にあると考えていいだろう。なぜなら、アメリカとできるだけ早く講和に持ちこむために、真珠湾攻撃は考え出されたからである。

満州事変や日中戦争が起こって、日米戦争が次第に現実味を帯びていく中で、当時の海軍軍人たちの多くがアメリカとの戦争には反対という考えを持っていた。その中でも山本は米内光政大将、井上成美少将（当時）らとともに、もっとも強硬に反対していた一人で、戦争が長引けば長引くほど国力の差が如実に表れるため、日本が曲がりなりにもアメリカと戦争して、しかも負けないようにするためには、初めから積極的に攻勢に出て終始アメリカを守勢に追い込み、早期講和に持ちこむしか道はないと考えていた。

そこで最初の目標として選ばれたのが、米太平洋艦隊の根拠地になっていたハワイ・オアフ島の真珠湾だった。真珠湾を攻撃して米太平洋艦隊を一気に壊滅させれば、米軍の戦意を挫《くじ》くことができ、早期講和への道が開けるという目論見《もくろみ》があったのである。

また、開戦と同時に南方（東南アジア）への侵攻作戦が行われるため、ハワイの米艦隊主力が健在だと作戦の遂行にも影響を及ぼす恐れがあった。それを考慮した時にも、真珠湾を攻撃して米艦隊を叩いておくことは有効だと考えたのである。

山本が真珠湾攻撃の具体案を初めて他人に明かしたのは1941年（昭和16）1月だった。この時、すでに日本はドイツ、イタリアと三国同盟を結んでおり、アメリカとの戦争は時間の問題となっていたが、それでも戦争を避けるための外交交渉を行っていた。そういった状況下で山本は開戦の方法を考えていたのである。そして2月には航空作戦の第一人者であった大西瀧治郎《おおにしたきじろう》少将にも手紙を送り、作戦の検討を依頼している。

　しかし真珠湾作戦は、当時の日本海軍全体の構想とは大きく異なっていた。海軍の作戦を立案、指揮する軍令部は、万が一日米海軍の決戦になった時は、米艦隊が日本近海までやってきたところを迎え撃つという方針を打ち出しており、兵力の整備も訓練もそれに合わせて行われていた。自ら出向いて行って攻撃を仕掛ける山本の案は、まさしく正反対のものだったのである。

　そのため、真珠湾攻撃が連合艦隊司令部の作戦計画として軍令部に提案された際には、猛烈な反対を受けた。しかも機動部隊指揮官の南雲忠一《なぐもちゅういち》中将や参謀長の草鹿龍之介《くさかりゅうのすけ》少将をはじめとする、実際に作戦に当たる現場の部隊も反対していた。理由は軍令部の構想と相反していたことの他に、①まず空母部隊がハワイに行くまでに発見される可能性が高い、②真珠湾は水深が12メートルと浅いため、艦艇を攻撃するのにもっとも有効な魚雷を使えない、③貴重な空母が無傷で帰ってこられる可能性が低いなど、作戦はあまりにも危険で成功の可能性が低いと思われた。さらに、もしも空母が損害などを被ったりしたら、その後の戦争がやりにくくなってしまうという懸念もあった。

このように各方面から反対された真珠湾への奇襲攻撃案だったが、１９４１年（昭和16）10月19日、軍令部は作戦を許可した。交渉は連合艦隊の作戦参謀・黒島亀人《くろしまかめと》大佐と軍令部次長の伊藤整一《いとうせいいち》中将との間で行われた。軍令部は当時6隻あった空母のうち4隻までは真珠湾攻撃に使ってもよいという妥協案を示したが、6隻すべてを使いたかった連合艦隊側は、希望が容《い》れられなければ山本大将は司令長官を辞任するという脅しをかけた。それが功を奏して作戦は許可された。

■真珠湾攻撃が12月8日に決まった理由

晴れて真珠湾攻撃にゴーサインが出たわけだが、真珠湾攻撃を成功させるためには魚雷問題をはじめいくつかの問題点があった。それらをできるだけなくしていくために、連合艦隊では作戦に許可が下りる前から激しい訓練を行っていた。それによって魚雷の問題はクリアできた。

また真珠湾は横須賀から3390海里（約6300キロ）も離れていたため、洋上で艦艇の給油を行わなくては航続距離の短い空母「赤城《あかぎ》」「蒼龍《そうりゅう》」「飛龍《ひりゅう》」などはとても往復することは不可能だった。しかも近海で米艦隊を迎撃することしか考えていなかった日本海軍は、海上で給油する訓練をしていなかった。

航行しながらパイプを渡して燃料を補給すればよかったのだが、時間を節約するために給油艦が空母をロープで引っぱって給油する方法が採《と》られた。しかしどうしても空母の重さに耐えきれず、途中でロープが切れてしまった。そこで空母が給油艦を押しながら給油する方法に切り替えて、各空母に燃料を積み込んだドラム缶を大量に積載することで、何とか燃料問題も解決したのである。

攻撃予定日は12月8日に決定したが、この日に開戦が決まったのにはちゃんと理由があった。

開戦日を決めるに当たって日本軍が重視したのは、①日米交渉の行方、②作戦準備の推移、③気象状況の3点で、それにハワイからの情報を加味した結果、12月8日に決定したのである。

日米交渉と作戦準備は大体予想できたが、③の気象条件は少し厄介だった。当初は夜が明ける寸前に空母から飛行機が発進する予定だったため、ある程度の月明かりが必要だった。しかし、満月だと明るすぎて艦隊が真珠湾に近づいた時に発見されてしまう可能性が高くなる。12月8日頃の月明かりは明るすぎず暗すぎず、攻撃にはもっとも適していたのである。

そして、日本時間の12月8日月曜日は、ハワイ時間では12月7日の日曜日だった。日本海軍は吉川猛夫《よしかわたけお》というスパイをハワイに送りこみ、真珠湾の調査をさせていた。吉川によると、日曜日は米太平洋艦隊の艦艇が真珠湾に戻っている可能性が高く、一気に殲滅《せんめつ》するにはもっとも都合のいい日でもあったのだ。このような理由から真珠湾攻撃は12月8日に決定されたのである。

真珠湾への道①
対米英蘭作戦準備下令
1941年（昭和16）11月5日

山本五十六【やまもと　いそろく】

アメリカ政府と国民の心情を読み違えた山本の大いなる誤算

Profile

海軍大将／連合艦隊司令長官
・アメリカとの戦争は無謀と感じつつも、連合艦隊司令長官として、アメリカを仮想敵国として戦略を練っていた。

生没年　1884年（明治17）～1943年（昭和18）　59歳没

出身地　新潟県（長岡市）

山本五十六

1941年（昭和16）11月5日、大本営海軍部から、連合艦隊に対して、「対米英蘭作戦準備」の命令が下った。同日の御前会議において、「武力発動は12月上旬と定め、陸海軍は作戦準備」せよと決定されたからだ。

大本営命令を受けた連合艦隊司令長官・山本

五十六大将は、空母部隊に対し、作戦待機地点の「千島《ちしま》・択捉《えとろふ》島の単冠《ひとかっぷ》湾に進出」するよう発令した。攻撃目標はハワイ・オアフ島の真珠湾。険悪化する対米交渉であるが、12月1日午前零時までに交渉がまとまれば作戦は中止することになっていた。「開戦か否か」の緊張の日々が続いた。

山本が連合艦隊司令長官に任命されたのは、1939年（昭和14）8月のことであった。かつて、山本が近衛文麿《このえふみまろ》首相との会見で述べた言はあまりにも有名である。「もし米国と戦争になった時、海軍は米国に勝つことができるか」との近衛首相の問いに対し、「それは是非やれといわれれば、初め半年か1年の間は、ずいぶん暴れて御覧にいれる。しかしながら、2年3年となれば、まったく確信は持てぬ。かくなりし上は日米戦争を回避するよう、極力御努力を願いたい」と答えたのだ。

しかし、山本の願い空《むな》しく、対米交渉は決裂。大本営から機動部隊に対して「新《ニイ》高山《タカヤマ》登《ノボ》レ一二〇八」（開戦は12月8日に決す。予定どおり攻撃を実施せよ）の電文が発信されたのは12月2日。Z作戦（真珠湾攻撃計画）と呼ばれた奇襲戦法が実施されることになった。

その後、ハワイ奇襲作戦は無事に成功、大戦果をあげたのは周知の事実である。

ところが、日本側の最後通牒がワシントンのハル国務長官に届けられたのは、攻撃後であった。開戦通告が遅延したことで、奇襲戦法は卑怯なだまし討ちになってしまった。山本大将もそのことを心配していたようで「外務省の手筈《てはず》は大丈夫だろうね」と部下に尋ねていたという。「アメリカ戦艦に打撃を与え、アメリカ国民の戦意を喪失させる。その後、早期講和に持ち込む」という山本の目論見は外れることになる。

「1941年12月7日は、屈辱の日として長く記憶されるべきであります。アメリカ合衆国は日本帝国から、突然に攻撃されました」

このルーズベルト米大統領の演説は、アメリカ国民を団結させた。「リメンバー・パールハーバー」（真珠湾を忘れるな）の声はアメリカ全土を覆い、参戦ムードに拍車をかけることになった。

この人のその後

ミッドウェー海戦（1942年6月）の総指揮に当たるも、アメリカ海軍に大敗北を喫する。翌年4月、搭乗機がアメリカ軍機に撃墜され、戦死。死後、元帥海軍大将。

真珠湾への道②
真珠湾攻撃計画始動
1941年（昭和16）4月

源田 実【げんだ みのる】
真珠湾奇襲攻撃の航空作戦を立てた機動部隊の航空参謀

Profile

海軍中佐／第1航空艦隊航空参謀
・第1航空艦隊司令長官の南雲中将は航空にはまったくの素人だったため、同艦隊の航空戦は源田がほぼ取り仕切った。
生没年　1904年（明治37）～1989年（平成元）　84歳没
出身地　広島県（安芸太田町）

源田実

山本五十六連合艦隊司令長官は、米艦隊を攻撃する「真珠湾攻撃計画」の具体化を大西瀧治郎《おおにしたきじろう》少将に依頼した。大西少将（第1航空艦隊参謀長）は、若手の航空参謀・源田実中佐を鹿児島の鹿屋《かのや》基地に呼び、真珠湾攻撃の作戦研究を命じる。

「作戦を成功させるための第一の要件は、機密保持だ」と言われた源田は、事務室ではなく私室で検討作業に入る。1週間後、源田は大西に2案を提出する。1つ目は、雷撃（魚雷を放つこと）が可能な場合、2つ目は雷撃が不可能な場合の案である。雷撃可能な場合は、艦上攻撃機を雷撃機（雷撃を行う軍用機）とし、これに艦爆（艦上爆撃機。急降下爆撃能力を持つ軍用機）を加えて共同攻撃を行う。不可能な場合は、艦攻（艦上攻撃機。航空母艦に搭載して運用）を降ろして、代わりに艦爆を積み、攻撃は艦爆に頼るというものだ。両案ともに、主攻撃目標は、敵の航空母艦、副攻撃目標は戦艦となっていた。進撃航路は、「ハワイの北方から」と記した。

大西少将が、源田案を参考にして作成した試案を、山本長官に提出したのは、4月上旬。その大西案が源田案と異なるのは「雷撃ができない場合でも艦攻はおろさないで、小型爆弾を搭載し、巡洋艦・駆逐艦を攻撃する」と書かれていた点であった。いずれにしても、雷撃の可否が作戦の成否を分けることになるのだ。

この人のその後

戦後、防衛庁に入庁。1959年には第3代航空幕僚長を務めた。退官後は参議院議員を24年務める。44回目の終戦の日に病死する。

真珠湾への道③
軍令部の容認
1941年（昭和16）10月19日

黒島亀人【くろしま　かめと】

軍令部の真珠湾攻撃反対論をくつがえした奇人参謀の一撃とは……

Profile

海軍大佐／連合艦隊首席参謀
・連合艦隊首席参謀として山本五十六長官に意見具申できる立場にあった。
生没年　1893年（明治26）～1965年（昭和40）　72歳没
出身地　広島県（呉市）

黒島亀人

1941年（昭和16）3月末、黒島亀人は、山本五十六長官からハワイ作戦の研究を命じられた。軍艦長門《ながと》の艦上であった。黒島はそれからというもの艦内の私室に閉じこもり、昼夜を問わず研究に励んだ。風呂にも入らず全裸となって研究に没頭したので「奇人参謀」とも渾名《あだな》された。

黒島をはじめとする参謀連は、8月下旬には奇襲作戦案を練り上げた。攻撃時刻・偵察時刻・攻撃目標・空母の位置……様々な事柄がまとめられた。ところが、海軍の中央統括機関・軍令部はいまだハワイ奇襲作戦を認めていなかった。機密保持が難しい、敵に発見される可能性が高い、正規空母全艦投入は難しいので、作戦は失敗すると踏んでいたのだ。

黒島は何度も軍令部会議に足を運び、主要スタッフの説得を試みるが、なかなか首をタテに振らない。そこで、ついに黒島は切り札をきる。軍令部次長の伊藤整一《いとうせいいち》中将に「この作戦が認められなければ、山本長官は職を辞す覚悟です。我らも同じ覚悟である」と長官の本音を告げたのだ。驚いた伊藤は、その旨を上司である永野修身軍令部総長に伝えた。開戦日は12月8日にほぼ決定していた。連合艦隊長官の辞任を認め、全作戦を練り直すなど今からでは不可能なことだ。永野も少しは迷ったであろうが、最終的には「山本長官の案に異論はありません」と述べた。

1941年(昭和16)10月19日のことである。

この人のその後

ミッドウェー海戦の作戦立案や、特攻を発案するも、結果的に作戦は失敗。戦後は哲学・宗教の研究に没頭した。

真珠湾への道④
南雲機動部隊出撃
1941年(昭和16)11月26日

南雲忠一【なぐも　ちゅういち】

出撃後も真珠湾攻撃に自信が持てなかった機動部隊司令長官

Profile

海軍中将／第1航空艦隊司令長官
・水雷戦術の権威であるが、航空作戦は素人だった。
・真珠湾へは不安と懸念を抱きながらの出撃だった。
生没年　1887年（明治20）～1944年（昭和19）　57歳没
出身地　山形県（米沢市）

南雲忠一

南雲忠一中将は、山本五十六の構想である「ハワイ攻撃作戦」に反対していた。だが「山本長官がああまで言われるのだから、やらなければならない」というのも、南雲の一面の想いだったようだ。南雲が作戦に反対した理由はなにか。

ひとつには航路の問題があった。南方航路（マーシャル群島→ハワイ）は、最短距離で海面も穏やかであるが、敵に見つかる可能性が大だ。これでは奇襲攻撃に失敗する。北方航路（アリューシャン列島→ハワイ）は、敵に発見されることはほぼないが、荒海であり、艦の通航が困難だ。洋上補給の問題もある。北方航路を主張する論者に対して、南雲は「図上演習では海は時化《しけ》ないので、北方航路が通れるが、実際にはそうはいかんよ」と承知しなかったという。

しかし、源田実《げんだみのる》中佐の「作戦は奇襲でなければ成功しません。北方は海が時化て航海は困難でしょうが、我々の努力によって切り開かねばなりません」との説得と、「母艦・加賀の洋上補給訓練が成功した」との知らせを聞き、「北方航路がよいだろう」と渋々賛意を示した。源田によると、南雲は「方針決定をしたならば、一切の経緯を棄ててこれに邁進《まいしん》する性格」であったようだ。

そして北方の単冠湾《ひとかつぷ》に集結した南雲機動部隊は11月26日朝、ハワイに向かって錨《いかり》を上げた。

この人のその後

1944年3月、中部太平洋方面艦隊司令長官を拝命。サイパン島に着任し、アメリカ軍を迎え撃つも敗北、自決する。死後、海軍大将に昇進。

日米開戦
真珠湾攻撃
1941年（昭和16）12月8日

淵田美津雄【ふちだ　みつお】

183機の第1次攻撃隊を率いた飛行隊長

Profile

海軍中佐／空母「赤城」飛行隊長

・「赤城」飛行隊長として、鹿児島湾で真珠湾攻撃の訓練。
・真珠湾攻撃では攻撃隊の総指揮を執った。

生没年　1902年（明治35）〜1976年（昭和51）　73歳没
出身地　奈良県（葛城市）

淵田美津雄

1941年（昭和16）12月8日午前1時20分頃（ホノルル時間午前6時。以下、時刻は全て日本時間）、オアフ島に忍び寄る編隊183機があった。先頭第1機に搭乗するのは、真珠湾《しんじゅわん》攻撃隊の総指揮官・淵田美津雄。彼らは午前3時10分、オアフ島北端に達する。母艦を発進してから約1時間半、ついに戦場に到着したのである。編隊は突撃準備の態勢をとる。眼下にはアメリカ太平洋艦隊の戦艦8隻が見える。

「全軍突撃せよ」午前3時19分、真珠湾攻撃が開始された。鹿児島での凄《すさ》まじい浅海面雷撃演習を経て、ついにこの時を迎えたのだ。対空砲火もないので、米軍は敵の襲来に気づいていないようだ。各所の飛行場から爆煙が上がりはじめる。奇襲に成功したのだ。淵田は、水木《みずき》飛曹に略語電報の発信を命じた。

「トラトラトラ」（ワレ奇襲ニ成功セリ）水木は旗艦赤城あてに電鍵をたたいた。その後、急降下爆撃隊が飛行場を爆撃し、敵機の反撃を制した。雷撃隊は、魚雷で敵艦隊に打撃を与え、水平爆撃隊は戦艦めがけて爆弾を投下する。第1次空襲は、約1時間続き、アメリカの戦艦アリゾナは大破し、沈没した。淵田は攻撃の成果を見た後、赤城に帰投した。

この人のその後

1949年、キリスト教に入信、布教活動に従事する。アメリカにも渡り、伝道講演を200回行う。当地では「真珠湾攻撃の英雄」として迎えられた。

Part 2

日本軍による南方資源地帯占領作戦

■蘭印の石油を確保するために始まった戦い

日本はアメリカとの戦いを短期決戦で終わらせたかった。山本五十六の真珠湾奇襲攻撃構想も、米太平洋艦隊を一気に壊滅させ米軍の戦意を挫《くじ》くことで、早期講和の道を開くというのが基本だった。しかし、陸海軍の首脳は長期戦になることをあらかじめ覚悟していた。もちろん、長期戦ともなれば石油をはじめとしたさまざまな物資の供給が不可欠である。

現在もそうだが、日本は地下資源のほとんどを外国からの輸入に頼っていた。当時は石油の7割から7割5分をアメリカからの輸入に頼っていたので、アメリカに代わる供給先を確保しなければならない。そこで目をつけたのがオランダ領東インド、現在のインドネシアである。ともかく石油があれば軍艦や飛行機、戦車が動かなくなることはない。太平洋戦争緒戦の最大の目的は、この南方の資源地帯確保であった。

こうして自給自足の態勢を整えた後、中国の蔣介石政権を脱落させ、ヨーロッパで同盟国のナチス・ドイツがイギリスを屈服させたら、アメリカの戦意が衰えて講和の機会がめぐってくるのではないか、と考えていたのである。

しかし、蘭印に兵を進めるには、シンガポールのイギリス軍や、フィリピンのアメリカ軍が邪魔であった。そのため、蘭印攻略に取りかかる前に、英米軍の拠点を叩く必要があったのだ。

■南方作戦を行うために南方軍を編制

当時、陸軍には50個を超える師団があったが、その大半は中国の支那派遣軍と、満州《まんしゅう》（中国東北部）の関東軍に配置されていた。陸軍では南方作戦を行うために、満州や中国、日本本土から11個師団の兵力と陸軍航空部隊主力を集め、寺内寿一《てらうちひさいち》大将を総司令官とする南方軍を編制。その麾下《きか》に本間雅晴《ほんままさはる》中将が指揮するフィリピン攻略の第14軍、飯田祥二郎《いいだしょうじろう》中将が指揮するビルマ（現在のミャンマー）攻略の第15軍、今村均《いまむらひとし》中将が指揮する蘭印攻略の第16軍、山下奉文《やましたともゆき》中将が指揮するマレー・シンガポール攻略の第25軍をそれぞれ編制した。

航空支援は陸軍部隊のほかに、海軍の空母部隊が行うことになっていたが、ハワイ真珠湾攻撃に全空母を派遣してしまったため、当面は空母を南方作戦の支援に使えなくなってしまった。

そのため基地航空部隊が上空からの支援に当たり、高速戦艦や重巡洋艦を主体とした第2艦隊基幹の兵力が作戦に参加することになった。ただし、まだハワイ空襲が成功するかどうかわからなかったので、もし空襲が失敗してハワイから米太平洋艦隊の主力部隊が南方作戦の側面をつこうと出撃してきた場合、海軍では南方作戦を一時中止して、支援に当たっている兵力を引き揚げて米艦隊の迎撃に全力で当たると決めていた。

日本軍による南方作戦は、まず第25軍がハワイ空襲とほぼ同時にマレー半島に上陸する。上陸地点はタイ領内で、あらかじめ協定を強要して進駐、国境を越えて南下する手はずであったが、一部の部隊は英領マレーに直接上陸することになっていた。フィリピンへは翌日早朝から基地航空隊による攻撃を行い、その後、ルソン島に上陸する予定となっていた。このほかに香港、グアム島、ウェーク島、ギルバート諸島など英米の基地に対する攻略にも着手する。

蘭印の中心地ジャワ島への上陸は開戦後105日目、すなわち1942年（昭和17）3月中旬以降を予定していた。また、ビルマ攻略やニューブリテン島のラバウルへの上陸は、南方作戦の目処がついたら行うこととなっていた。

1941年（昭和16）12月8日、最大の懸案だったハワイ空襲が大成功を収め、その後の戦果も順調だったことから、大本営は作戦日程の繰り上げを検討し、翌年1月1日にはジャワ島への上陸を開戦後80日、おおむね3月1日に実施することに決定した。

マレー・シンガポール攻略戦
シンガポール占領
1942年（昭和17）2月15日

山下奉文【やました　ともゆき】
「東洋の電撃戦」を指揮し、一躍国民的英雄になった「マレーの虎」

Profile

陸軍中将／第25軍司令官
・マレー・シンガポール攻略戦の指揮官。
・攻略戦の成功で「マレーの虎」の異名とともに昭和の陸軍軍人屈指の名声を手にする。
生没年　1885年（明治18）～1946年（昭和21）　60歳没
出身地　高知県（大豊町）

山下奉文

「イエスかノーか」
このセリフとともに第25軍司令官・山下奉文中将の名は一躍国民の間に知れ渡り、英雄としての座を手に入れた。欧米列強の雄・イギリス軍のパーシバル中将に対して、「イエスかノーか」と降伏を迫る山下の姿は、今まさにアジアを席巻《せっけん》しようとする皇国日本の勢いの象徴であるかのようだ。その頼もしい姿を思い描いた当時の国民が、胸を躍らせないはずがない。

山下が指揮したマレー・シンガポール攻略部隊の戦いは、ナチス・ドイツの電撃戦になぞらえて「東洋の電撃戦」とも呼ばれ、勇猛を讃えられた山下は「マレーの虎」の異名をとった。では、「東洋の電撃戦」とはいかなるものだったのか？

1941年（昭和16）12月8日、午前2時15分、第18師団歩兵第56連隊を基幹とする佗美《たくみ》支隊がマレー半島コタバルに上陸した。真珠湾攻撃よりも1時間早く、太平洋戦争の火蓋を切って落としたのである。作戦最大の目的は、シンガポールを占領し、同地を拠点とするイギリスの勢力をアジアから駆逐することだ。

もっとも早い部隊は、翌1942年（昭和17）1月31日にマレー半島最南端のジョホール・バルに到達、上陸から55日でおよそ1100キロの道のりを走破したのである。1日平均でおよそ20キロという驚異的なスピードだった。そして、シンガポールへの上陸は2月4日から始まった。各地で激戦が繰り広げられたが、11日から始まった島中心部のブキテマをめぐる攻防は熾烈を極めた。日本軍の砲弾はついに底をつきかけたが、そこへ突然イギリス軍が降伏を申し入れてきた。

イギリスも日本と同様に困窮しており、さらに給水施設がやられたことで戦いを続行することができなくなったのである。

2月15日、山下とパーシバルの降伏交渉は、ブキテマ村近くのフォード自動車工場で行われた。

ここでかの有名なセリフが登場する。パーシバルは、降伏する前に自軍の兵の扱いなど、細かいことをはっきりさせておきたかった。一方の山下は自分の劣勢を敵に気づかれるわけにはいかない。さらに日本軍は戦力面でもイギリス軍に劣る。そこでわざと強気を装って、降伏を迫ったのだ。「イエスかノーか」は、戦いに勝てるかどうかというギリギリの駆け引きだったのだ。

山下に与えられた日本陸軍屈指の名将という評価は、今日でも大きくは変わらない。しかし、独り歩きした猛将のイメージよりも、実際の山下は智将と言うべきだろう。

この人のその後

作戦後は満州の第1方面軍司令官となる。1944年にフィリピン防衛で前線に復帰、戦後はBC級戦犯裁判で絞首刑となる。

フィリピン攻略戦①
マニラ占領
1942年(昭和17)
1月2日

本間雅晴【ほんま　まさはる】

指揮官の見通しの誤りが生んだフィリピンのつまずき

Profile

陸軍中将／第14軍司令官

・南方作戦のフィリピン攻略を担当。
・英語に堪能でイギリス駐在経験を持つなど、陸軍では珍しいイギリス通だった。

生没年　1887年（明治20）～1946年（昭和21）　58歳没
出身地　新潟県（佐渡市）

本間雅晴

太平洋戦争緒戦の南方攻略作戦は、日本軍の当初の予想を上回る順調な進捗《しんちょく》を示した。そのなかで唯一つまずきを見せたのが、フィリピン攻略戦だ。本間雅晴中将は第14軍司令官としてフィリピン攻略戦の指揮をとった。それは、彼にとってすべての悲劇の発端となる。

大本営は当初、フィリピンの首都・マニラの占領を作戦の主目的に据えた。ところが、ダグラス・マッカーサー率いる米比（アメリカ・フィリピン）軍はマニラに戦禍が及ぶことを避けるためにＨ本軍に空け渡した。そしてかねてから要塞として万全の整備を施していたバターン半島にこもり、日本軍を待ち構えていたのである。

しかし、日本軍は米軍のマニラ放棄を逃亡と勘違いして敵を侮《あなど》った。フィリピン攻略戦に手間取った最大の要因だ。バターン攻略戦では凄まじい反撃の前に、攻撃はいったん頓挫し、第2次攻撃でようやく要塞を陥落させることができた。このつまずきが原因で、作戦後本間は予備役編入の憂き目に遭う。

さらに、フィリピン攻略戦ではもうひとつの悲劇があった。バターン半島陥落後、投降してきた捕虜は10万を超えた。バターン半島には食料がなくマラリアも蔓延していたため、捕虜を移す必要があったが、日本軍にはトラックがない。そのため、捕虜を徒歩で移動させた。およそ60キロの道のりの最中に捕虜が次々に倒れていったことから、「バターン死の行進」と呼ばれ、日本軍の残虐行為の典型として米英を中心に喧伝《けんでん》された。本間は戦後、この責任を問われることになるのである。

この人のその後　1942年7月に予備役となる。そして「バターン死の行進」の責任を負う形で1946年4月に銃殺刑に処せられた。

フィリピン攻略戦②
米比軍の降伏
1942年(昭和17)
5月7日

ジョナサン・ウェーンライト
屈辱の降伏をラジオからフィリピン全土に伝えた指揮官

Profile

アメリカ陸軍中将▼フィリピン防衛の指揮官
・アメリカ極東陸軍に所属。
・脱出したマッカーサーからフィリピン防衛の指揮権を譲り受け、コレヒドールの戦いを指揮する。
生没年　1883年～1953年　70歳没
出身地　アメリカ・ワシントン州（ワラワラ）

ジョナサン・ウェーンライト

マニラを放棄したフィリピンの米比軍は、バターン半島で日本軍と対峙《たいじ》した。日本軍上陸時、フィリピン防衛の指揮をとっていたのはダグラス・マッカーサー大将だった。しかし、旗色が悪くなるや大統領からの命令を受け、〝I shall return〟の言葉とともにバターン半島から脱出し、以後の指揮権をジョナサン・ウェーンライト中将に譲ったのである。

バターン半島が陥落すると、今度はその先の海に浮かぶコレヒドール島に退いて、日本軍を迎え撃った。４月14日の日本軍の砲撃で幕を開けたコレヒドール島の戦いは、５月７日正午過ぎに米比軍が白旗を掲げるまで続けられた。米本国からの救援はまったく期待できないコレヒドール島の軍勢は、戦いながら限界が来るのを待つことしかできなかったのである。

降伏したウェーンライトはバターン半島に連行され、日本軍指揮官・本間中将との会見に臨んだ。さらにマニラに移動し、ラジオを通じてフィリピン全土に降伏を命じた。

しかし、フィリピンの戦いはこれで終わらなかった。日本軍はその後も反日ゲリラに悩まされることになる。すでに独立が決まっていたフィリピンにとっては、日本が標榜した「アジアの解放」は、まったく意味をなさなかったのである。

この人のその後

日本軍の捕虜となり、満州で終戦まで抑留生活を送った。終戦後大将に昇進し、フィリピンの日本軍降伏に立ち会った。

蘭印攻略戦①
蘭印軍の降伏
1942年(昭和17)3月9日

今村 均【いまむら ひとし】

占領行政で見せた蘭印の第16軍司令官の温情統治

Profile

陸軍中将／第16軍司令官
・蘭印攻略を担当。
・蘭印統治成功のほか、東條陸相の命令で「生きて虜囚の辱めを受けず」で有名な戦陣訓の作成でも知られる。
生没年　1886年（明治19）～1968年（昭和43）　82歳没
出身地　宮城県（仙台市）

今村均

「アジアの解放」とは南方攻略作戦において日本軍が掲げた、いわば錦の御旗だ。日本軍のなかには、その目的に向かって本気で努力した軍人もいたことから、完全に否定することもできない。

当時の東南アジア諸国が欧米列強の支配に苦しんでいたこともまた事実だ。そのため、やってきた日本軍を解放者として迎え入れた地域も少なくない。今村均中将が第16軍司令官として攻略戦を指揮したオランダ領東インド、通称蘭印はそれがもっとも顕著だった土地だ。
そのため、南方作戦中もっとも円滑に作戦が進んだのが蘭印攻略作戦だった。そして、占領後の統治で、今村は優れた能力を見せる。今村の統治下にあったバタビア（現ジャカルタ）は次のようだったという。
「白人の老夫婦は夕方の公園を散歩している。若いアベックはカッフェーのテーブルで囁いている。バタビアの中心街は銀座の比ではない。獄舎の将校たちにレクリエーションの時間が与えられ、囚房の深夜にも火が煌々《こうこう》と流れていた」（伊藤正徳『帝国陸軍の最後』）
欧米支配の抑圧から解放された自由な蘭印がそこにはあったのだ。しかし、軍中央部の目指す統治とはかけ離れたものだった。占領から8カ月後、今村は第8方面軍司令官となり蘭印を離れる。以後蘭印統治は強圧的な軍政に変わり、独立という人々の夢は霧消してしまった。

この人のその後
第8方面軍司令官としてラバウルで終戦を迎える。戦後は戦犯として禁錮10年の判決を受け、刑期満了まで服役した。

蘭印攻略戦②
蘭印軍の降伏
1942年（昭和17）3月9日

スカルノ
インドネシアをオランダの植民地から解放した独立運動家

Profile

インドネシア国民党党首／独立運動家
・1928年にインドネシア国民党が結成されるとともに党首に就任する。以来、インドネシアの独立運動を指導し続けた。
生没年　1901年〜1970年　69歳没
出身地　ジャワ島（スラバヤ）

スカルノ

蘭印、すなわち現在のインドネシアに相当する地域は、その名のとおりオランダの植民地で、20世紀初頭に征服されたスマトラ北部のアチェ国を除けば、大半の地域がおよそ350年にわたって圧政に苦しんできた。
その過程で被支配民たちの間には民主主義が芽生え、自分たちのアイデンティティーを求めるようになっていった。彼らは蘭印をインドネシア、自分たちをインドネシア民族と呼ぶようになった。そして、オランダからの独立を強く求めるようになり、1928年（昭和３）にインドネシア国民党が結成されたのである。

やがて太平洋戦争が勃発し、住民たちの強力なバックアップを受けた日本軍は、オランダの勢力を完全に駆逐した。蘭印の統治を担当した今村均《いまむらひとし》中将は、オランダによって監禁された独立運動家たちを釈放したが、その中の一人にスカルノがいた。

スカルノは今村と会談し、今村が蘭印を統治している間は「温情を基調とする解放的軍政」の恩恵を受けた。しかし、指揮官交代後は強圧的な軍政に変わり、独立の夢は消えた。

しかしスカルノは、「私は日本と共に働く道を選ぶ。諸君の力を強化し、日本が敗れる日を待つのだ」と、のちに自伝に記したように、日本はやがて敗れ、インドネシアは再び独立への道を歩み出すのである。

この人のその後

1945年8月17日、インドネシアの独立を宣言、初代大統領に就任。1965年に失脚するが、現在も国民に愛されている。

Part 3

日本対米英軍の死闘

1941年（昭和16）12月8日、日本はハワイの真珠湾を奇襲攻撃、同時にマレー半島に上陸し、太平洋戦争が始まった。緒戦は連戦連勝、南方の資源地帯を次々と攻略し、日本軍は破竹の進撃を続けた。

年が明けた1942年（昭和17）2月15日、大英帝国のアジアの要衝シンガポールを陥落させた時、新聞はイギリスを「悪虐英帝国」と称し、「数世紀にわたり七つの海に雄飛し、世界の富と領土を壟断《ろうだん》（独り占め）せる英国没落の弔鐘《ちょうしょう》は高らかに鳴り響いている」と報じた。軍部は得意の絶頂にあり、国民の熱狂は頂点に達した。しかし、2カ月後の4月18日、アメリカは空母「ホーネット」に搭載した陸軍の双発爆撃機B25（16機）を日本近海から発艦させ、東京を初空襲した。指揮官のドゥーリットル中佐の名前をとって「ドゥーリットル空襲」と呼ばれる。この空襲による被害はそれほど大きくなかったが、やすやすと帝都に敵機の侵入を許してしまった軍部の面目は丸つぶれとなった。それまで勝った勝ったと浮かれていた国民は頭から冷水を浴びせられた格好となった。

5月に入ると日本は、アメリカとオーストラリアの連絡を遮断するため、ニューギニア島南部のポート・モレスビー攻略（「MO作戦」）を目論んだ。5月7日、8日に行われた史上初の空母決戦「珊瑚海《さんごかい》海戦」で、日本は米空母「レキシントン」を撃沈したが、軽空母「祥鳳《しょうほう》」を失った。日本は戦術的には勝利を収めたものの、当初の目的であるポート・モレスビー攻略は中止となり、戦略的な勝利はアメリカが収めた。「MO作戦」に続いて日本は、中部太平洋のミッドウェー島攻略と真珠湾で討ち漏らした米空母撃滅を企図した「ミッドウェー作戦」を発動した。しかし、暗号を解読した米軍は、劣勢な機動部隊を配備して、日本の優勢な機動部隊を迎え撃った。6月5日、運命の「ミッドウェー海戦」で、日本は4隻の空母「赤城」「加賀」「飛龍」「蒼龍」を失って大敗した。

戦勝気分が蔓延し、驕《おご》りの反省がないまま敵を過小評価していた日本は、完膚なきまでに叩きのめされたのである。以後、日本が戦いの主導権を握ることはなく、いくばくもなく米軍の反攻が始まった。

ビルマ攻略戦
ラングーン占領
1942年（昭和17）3月8日

飯田祥二郎【いいだ しょうじろう】

南部仏印進駐とタイ進駐を指揮し、日本の開戦をお膳立てしたビルマ攻略作戦の指揮官

Profile

陸軍中将／第15軍司令官
・ビルマ攻略の指揮官。
・ビルマ攻略のほか、タイ進駐のための日タイ軍事同盟の締結など、南方作戦において重要な役割を果たす。

生没年　1888年（明治21）～1980年（昭和55）　91歳没
出身地　山口県

南方作戦の指揮官たちのなかで、飯田祥二郎中将の印象はいささか薄いかもしれない。それは、彼の指揮したビルマ攻略戦の印象とそのまま重なるからだろう。ビルマは援蔣《えんしょう》ルートと呼ばれる、中華民国の蔣介石への援助物資輸送ルートの一大拠点だったことから、攻略作戦の重要性はほかの地域にまったく劣らない。

しかし、日本軍は当初、自力でのビルマ攻略の予定はなかった。南方作戦が予想

外に順調に進捗したことから、急遽《きゅうきょ》作戦を実行したのである。そしてビルマ攻略は成功し、援蔣ルートもいったんは途絶えた。

さらに、飯田はビルマ攻略戦に匹敵するほどの重要な仕事をすでに2つも成功させていた。ひとつは南部仏印進駐、そしてもうひとつはタイに平和進駐し、日タイ軍事同盟を結んだことだ。

飯田祥二郎

南部仏印進駐は、言わずと知れたアメリカの対日石油禁輸の直接的なきっかけとなったものだ。そしてタイへの平和進駐は、マレー半島攻略、ビルマ攻略作戦には欠かせない重要な任務だった。比較的印象が薄いと思われがちな飯田だが、良くも悪くも彼なくして太平洋戦争の歴史はなかったともいえる。

この人のその後

ビルマ攻略後国内に戻り、1944年予備役となる。終戦直前に再び召集され満州に渡り、シベリア抑留を経て1950年に帰国。

加藤隼戦闘隊長の自爆
1942年(昭和17)5月22日

加藤建夫【かとう　たてお】

「空の軍神」として勇名を馳せた加藤隼戦闘隊隊長

Profile

陸軍中佐／飛行第64戦隊長
・日中戦争初期から前線で戦い、太平洋戦争開戦後はマレー・シンガポール攻略戦、フィリピン攻略戦、蘭印攻略戦と主だった戦場全ての空で戦った。

生没年 1903年（明治36）～1942年（昭和17）　38歳没

出身地 北海道（旭川市）

加藤建夫

少尉任官時に歩兵から航空に転じた加藤は、早くから飛行機乗りとして頭角を現した。そして、日中戦争勃発から間もなくして中国の第一線での航空戦に身を投じた、歴戦の戦闘機パイロットである。加藤の部隊は1941年（昭和16）の8月から9月にかけて最新鋭の戦闘機「隼《はやぶさ》」を受領し、太平洋戦争に突入した。

ビルマで戦端が開かれると、加藤の部隊は主戦場を移した。それまでは日本軍の快進撃の一翼を担ってきた加藤隼戦闘隊も、ビルマでは苦戦を強いられる。敵の航空部隊は隣国インドのイギリス軍基地を拠点としており、強力な戦力を備えていた。加藤の部下は日ごとに減っていき、1942年（昭和17）5月22日、勇猛で鳴らした加藤にも最期の時が訪れる。

部隊は、ビルマ南部のアキャブ（現シットウェ）に進出していた。偵察のために飛来したブレンハイム中型爆撃機を追って、加藤以下5機が出撃するも、加藤の「隼」が被弾してしまう。帰還が不可能と悟った加藤は、高度200メートルで自らの機体を反転させ、そのまま海面に突っ込んだ。日頃から部下に教えていた確実な自決法を、我が身をもって実践したのである。

死後、加藤は「軍神」と賞賛され、「加藤隼戦闘隊」の名とともに、国民の心に深く刻み込まれたのである。

この人のその後

加藤の戦死の報は陸軍全航空部隊に大きな衝撃を与えた。死後、加藤は少将に特進したほか「加藤隼戦闘隊」という歌も作られた。

空母対空母の戦い①
珊瑚海海戦
1942年(昭和17)5月7日~8日

井上成美【いのうえ　しげよし】

海戦の勝利を逃した原因を押し付けられた第4艦隊司令長官

Profile

海軍中将／第4艦隊司令長官
・ラバウルからMO攻略作戦を指揮。
・初の空母対空母の決戦では戦闘指揮に積極性を欠いたとして艦隊長官を更迭される。

生没年　1889年（明治22）～1975年（昭和50）　86歳没
出身地　宮城県（仙台市）

井上成美

井上成美といえば、日本海軍でも知識人という評判の高い提督の一人だ。一度目の日独伊三国同盟交渉時には、米内光政《よないみつまさ》海相、山本五十六《やまもといそろく》次官とともに強硬に反対したことで知られる。このように軍政家としては一流だったが、作戦指揮官としての評価は必ずしも高くない。なぜなら、珊瑚海《さんごかい》海戦で一度「戦下手《いくさべた》」のレッテルを貼られているからだ。

1942年（昭和17）5月7日から8日にかけて起こった珊瑚海海戦は、ニューギニア東南岸のポート・モレスビーに敵前上陸する戦力を海上輸送する際に、日米の空母機動部隊が激突したものである。

日本が軽空母1隻を撃沈されたのに対して、米軍は正規（大型）空母1隻を失ったことから、日本側の勝利とされている。しかし、日本軍も空母「翔鶴《しょうかく》」が中破し、93機の艦上機を失うなど、手痛い打撃を被った。そのため戦闘を継続できず、米軍に追い打ちをかけることができなかったばかりか、上陸作戦も中止に至った。

海軍中央部は、戦闘に勝利しておきながら追撃を断念したのみならず、上陸作戦の中止に至った原因を井上の戦下手《いくさべた》と決めつけた。そして井上を海軍兵学校校長に左遷したのである。

開戦以来続いていた日本軍占領地の拡大がここで初めて食い止められたことから、アメリカでは戦いを「日本軍の戦術的勝利、戦略的敗北」と評している。

この人のその後

鈴木貫太郎内閣の成立とともに海軍次官に就任し、米内海相を支えた。しかし、大将昇進を固辞していたが、昇進が決定すると次官を辞任した。

空母対空母の戦い②
珊瑚海海戦
1942年（昭和17）
5月7日～8日

高木武雄【たかぎ　たけお】

MO機動部隊の指揮官を務める

Profile

海軍中将／第5戦隊司令官

・海軍兵学校卒業以来水雷を専門とし、戦艦「陸奥」など大型艦の艦長も務めた。

・珊瑚海海戦では空母機動部隊となるMO機動部隊の指揮官に就任。

生没年　1892年（明治25）～1944年（昭和19）　52歳没

出身地　福島県（いわき市）

高木武雄

ポート・モレスビー攻略作戦、通称「MO作戦」で日本軍は、「MO攻略部隊」こと敵前上陸部隊と、それを援護する「MO機動部隊」という編成を採用した。正規（大型）空母を擁する第5航空戦隊などが属したのは「MO機動部隊」で、その指揮官が高木武雄中将だ。

その名称や正規空母２隻を含む編成からもわかるように、ＭＯ機動部隊は空母を中核とする艦隊だ。一方、高木中将の部隊は重巡「妙高《みょうこう》」「羽黒《はぐろ》」を擁する第５航空戦隊だった。高木には機動部隊の作戦を指揮した経験はない。しかし、５航戦の原忠一《はらちゅういち》少将よりも階級が上であるために、部隊の指揮官となったのだ。

ＭＯ作戦全体を束ねるのは、トラック諸島にいる井上中将、空母部隊は高木中将が率い、航空作戦は原忠一少将が指揮するといった複雑な指揮系統で臨んだのが珊瑚海海戦だったのである。

この人のその後

珊瑚海海戦後、軍令部出仕、馬公警備府長官、高雄警備府長官を経て第6艦隊長官に就任。サイパンで戦死し、死後、大将となる。

空母対空母の戦い③
珊瑚海海戦
1942年(昭和17)5月7日〜8日

原 忠一【はら ちゅういち】
新鋭空母を擁する5航戦司令官

Profile

海軍少将／第5航空戦隊司令官
・珊瑚海海戦で航空作戦を指揮し、米空母「レキシントン」を撃沈する。
・自軍も「翔鶴」が損傷し、痛み分けに終わる。
生没年 1889年（明治22）〜1964年（昭和39） 74歳没
出身地 島根県（松江市）

原忠一

その体軀《たいく》やしぐさから「キングコング」と渾名《あだな》された原忠一少将は、見た目とは裏腹に慎重で繊細な一面を持っていた。彼が指揮していたのは、正規（大型）空母「翔鶴《しょうかく》」「瑞鶴《ずいかく》」の2隻を擁する第5航空戦隊、通称「5航戦」だ。同部隊が戦った珊瑚海海戦での追撃断念は、彼の慎重な一面の表れともとれる。

そして、珊瑚海海戦で「翔鶴」が中破されたが、このことは本来、連戦連勝で米軍を侮っていた日本軍の慢心に一石を投じるはずの出来事だった。

ところが、日本海軍の慢心はまったく改められなかった。なぜなら、5航戦は新鋭空母で構成された部隊で、1航戦、2航戦といった古参部隊よりも技量が劣ると信じられていたからだ。

珊瑚海海戦の結果を聞いた古参部隊の面々は、「我々なら鎧袖《がいしゅう》一触《いっしょく》のもとに片付く」と信じた。その結果がミッドウェー海戦だったことは、皮肉というほかない。

この人のその後

海戦の後、第8戦隊司令官、中将に昇進して第4艦隊司令長官に就任。戦後は戦犯として禁錮6年の判決を受けるも2年後に釈放。

空母対空母の戦い④
珊瑚海海戦
1942年(昭和17)5月7日〜8日

フランク・J・フレッチャー
慎重に日本軍の出方を見てから作戦を開始した米第17任務部隊司令官

Profile

アメリカ海軍少将／米第17任務部隊司令官

・第17、第11任務部隊の統合部隊指揮官に任命される。
・ほぼ五分五分の戦力で臨んだ日本軍との戦闘は痛み分けに終わる。

生没年　1885年〜1973年　87歳没
出身地　アメリカ・アイオワ州（マーシャルタウン）

日本軍がポート・モレスビー占領を期したMO作戦を開始したとき、珊瑚海方面にはフレッチャー少将率いる第17任務部隊、オーブリー・フィッチ少将率いる第11任務部隊がいた。暗号解読によって、日本軍の作戦を知った米太平洋艦隊司令長官ニミッツ大将は、さっそく防衛態勢を整えた。2つの部隊を統合し、フレッチャーを指揮官に任命したのである。部隊は空母「ヨークタウン」「レキシントン」を擁する機動部隊である。

ニミッツは日本軍の前線基地ラバウルへの積極攻勢を望んでいたが、慎重なフレッチャーは空母の所在を明かすことを嫌って、日本軍の出方を待つという戦法を選んだ。そして日本軍のツラギ上陸を知るや、ただちにツラギへの空襲を敢行するなど積極攻勢に移り、索敵機を飛ばしてＭＯ機動部隊を捜した。

フランク・Ｊ・フレッチャー

５月７日、日米両軍とも積極的な索敵をしたが、いずれも誤報が続いた。しかし、フレッチャーの米軍は偶然にも空母「祥鳳《しょうほう》」を発見し、撃沈することに成功した。さらに翌日には日米が互いを発見し、機動部隊同士の海戦が起こった。この戦いで米軍は空母「レキシントン」を失い、「ヨークタウン」も被弾したが、すぐに消火されて艦自体は戦闘可能な状態にありながら艦上機がなく、翌９日、ニミッツ長官の命令で戦場の海域を離脱した。

この人のその後

ミッドウェー海戦、ガダルカナル島上陸、第２次ソロモン海戦などで機動部隊を指揮し、その後北太平洋司令官に転じた。のち中将。

日本本土初空襲
ドゥーリットル空襲
1942年(昭和17)
4月18日

ジェームズ・H・ドゥーリットル

日本に衝撃を与えた日本初空襲の指揮官

Profile

アメリカ陸軍中佐

・米陸軍航空隊の優秀なパイロット。
・空母から陸上用中型爆撃機を発進させ、日本主要各都市への爆撃を成功させる。

生没年　1896年〜1993年　96歳没
出身地　アメリカ・カリフォルニア州（アメラダ）

ジェームズ・H・ドゥーリットル

1942年（昭和17）4月18日、日本にとって寝耳に水の出来事が起こる。米軍の爆撃機が飛来し、東京を中心に川崎、横須賀、名古屋、四日市、神戸を爆撃して飛び去ったのである。

その方法は、航続距離の長い中型爆撃機B25を空母から無理やり発進させる。そして着艦できないため、爆撃後はそのまま中国の日本軍の勢力外にある飛行場に降りるという、極めて奇抜なものだ。

東京空襲という重要な作戦の指揮官を任されたのが、陸軍のドゥーリットル中佐で、彼の名をとってドゥーリットル空襲と呼ばれる。前代未聞の作戦を実現するため、ドゥーリットル隊の隊員たちは地上に空母の甲板と同じ長さの線を引き、離陸の訓練を積んだ。そして当日は16機のB25全機が発艦に成功したのである。

空襲による日本の犠牲者は330人と、決して多くはなかった。しかし、真珠湾に匹敵するインパクトを狙ったアメリカの計画は図に当たり、連敗で沈滞していた士気は旺盛になった。一方、帝都を突然爆撃された日本軍首脳部のショックは計り知れなかった。

そして、米機動部隊の危険性を思い知らされた日本海軍首脳は、しぶしぶ同意していた米機動部隊撃滅作戦、すなわちミッドウェー作戦の正当性を嫌でも認めることになる。

この人のその後

東京空襲の成功で2階級特進し、准将となる。以後はヨーロッパ戦線に転じ、アフリカを主戦場とした。1985年に予備役大将に昇進。

戦局の転換点①
ミッドウェー作戦
1942年（昭和17）
6月5日〜7日

チェスター・W・ニミッツ

劣勢から戦局を逆転させた敏腕の太平洋艦隊司令長官

Profile

アメリカ海軍大将／太平洋艦隊司令長官

・前任のキンメル大将更迭により司令長官に就任。
・戦局の立て直しに心血を注ぎ、米海軍の劣勢を覆すことに成功する。

生没年　1885年〜1966年　80歳没
出身地　アメリカ・テキサス州（フレデリックスバーグ）

真珠湾攻撃で日本軍の思うがままにされた責任をとらされる形で、米太平洋艦隊司令長官ハズバンド・E・キンメル大将は更迭され、階級も少将に戻された。そして後任の太平洋艦隊司令長官に選ばれた人物が、人事局長を務めていたチェスター・W・ニミッツ少将である。

米軍は重要なポストに少将や中将を起用する際、指揮系統を円滑にするために大将に昇進させる。ニミッツもこの仕組みに則《のっと》る形で、司令長官就任時に中将を飛び越えて大将になった。

就任後ニミッツがまずとりかかったのは、沈滞していた米軍の士気を鼓舞することと、日本軍に対する反撃のチャンスを窺うことだった。

ウイリアム・F・ハルゼー中将率いる空母機動部隊は、その機動力を生かしたヒットエンドラン作戦で、太平洋各地の日本軍占領地を爆撃した。日本軍は神出鬼没の艦隊を捕捉できずにイライラを募らせた。ドゥーリットル空襲もヒットエンドラン作戦の一環である。さらに、珊瑚海海戦では日本軍占領地の拡大を抑えこむ「戦略的勝利」を手にするに至った。

チェスター・W・ニミッツ

続く戦いは、以後の戦争の帰趨《きすう》を決めるミッドウェー作戦だ。巧妙な手段で日本軍の暗号を解読し、攻撃目標がミッドウェーと知ったニミッツは、珊瑚海海戦の応援のために出撃していた空母「エンタープライズ」「ホーネット」をすぐさま真珠湾に呼び戻した。

そして、同海戦で損傷していた「ヨークタウン」の修理は90日を要するといわれていたが、それを3日で終わらせるように厳命した。さらに「ヨークタウン」は艦上機も消耗していたので、同じく修理中だった空母「サラトガ」の航空戦力を搭載させて、ミッドウェーへ向かわせたのである。

また、海戦直前に機動部隊指揮官のハルゼーが皮膚病に倒れたため、彼の進言を容れてレイモンド・A・スプルーアンス中将を代役に据えた。この人事が吉と出たか凶と出たかは歴史が既に証明済みだ。こうして空母戦力では日本軍よりも1隻少なかったものの、ニミッツは可能な限りの防衛態勢を作り上げて、ミッドウェーで南雲機動部隊を待ち構えた。

勝利のために労を惜しまなかった米軍と、連勝による気の緩みそのままに作戦に臨んだ日本の連合艦隊の首脳たち。彼らの意欲の差が、そのまま戦闘の結果に結びついてしまったのである。

この人のその後

日本降伏後、戦艦「ミズーリ」艦上でアメリカ代表として降伏文書に署名した。戦後は海軍作戦部長を務めた。最終階級は元帥。

戦局の転換点②
ミッドウェー作戦
1942年（昭和17）
6月5日〜7日

草鹿龍之介【くさか　りゅうのすけ】

戦争に無刀流の精神は合わなかった南雲機動部隊の参謀長

Profile

海軍少将／第1航空艦隊参謀長
・南雲司令長官の片腕として緒戦の連勝の立役者となる。
・ミッドウェーで敗北を喫するも、山本長官に懇願し参謀長に留任。
生没年　1892年（明治25）〜1971年（昭和46）　79歳没
出身地　東京都（台東区）（本籍は石川県）

緒戦の日本海軍の快進撃は、偏《ひとえ》に南雲機動部隊の強さによるものといっても過言ではないだろう。しかし実際は司令長官の南雲中将は航空には素人で、参謀長の草鹿龍之介少将も権威というほどではなかった。艦隊の頭脳は源田実中佐で、南雲機動部隊が「源田艦隊」と揶揄《やゆ》されていたことからも、その実態が見えてくるだろう。

連戦連勝の南雲機動部隊だったが、ミッドウェー作戦では空母4隻を失う大敗北を喫し、日本海軍凋落の最大の要因を作ってしまった。この敗因は南雲、草鹿の作戦指揮によるものという意見が多い。実際それは間違いではないが、この2人にすべての責任を押し付けるのもいささか酷である。

なぜなら、前述したように作戦を取り仕切っていたのは源田で、戦闘の敗因といわれる兵装転換の際に、南雲は源田にその是非を確認している。ただし、最終的な判断をした南雲、草鹿の責任も当然免れない。

しかし、ミッドウェーの敗北は、日本軍全体に蔓延していた慢心、すなわち米軍に対する侮《あなど》りが最大の原因となっていた。真珠湾攻撃の際には作戦の成功を危ぶみナーバスになっていた草鹿も、ミッドウェーのときは作戦の成功を信じていたという

草鹿龍之介

し、山本五十六長官が撃滅を期していた米機動部隊も、いくつかの情報判断により、日本軍を恐れて現れないだろうなどと考えていた。もっとも、山本長官さえも半ばそう信じていたのである。

かくして、ミッドウェーで戦局は転換点を迎えたが、草鹿は南雲長官とともに米機動部隊へ

の雪辱を期して、機動部隊の参謀長に留任した。

また草鹿といえば、真珠湾攻撃で石油貯蔵施設や造船施設にダメ押しの攻撃を行わなかったことや、その帰路にミッドウェー島への爆撃を断った際の「横綱を破った関取に、帰りにちょっと大根を買って来いというようなものだ」というセリフが知られている。

これらの言動は、草鹿のいわば信念に通じるものである。草鹿は無刀流で免許皆伝の腕を持ち、禅も心得ていた。この2つが彼の行動原理のひとつになっている。このことについて真珠湾で飛行隊長を務めた淵田美津雄は、著書のなかで「この敵と見当をつければ、他の敵に心を奪われず、この敵一本に猛然と全力をふるって叩きつける」ものだと書いている。

しかし、ミッドウェーにおいては、ミッドウェー島の占領と、米機動部隊という2つの敵に心を奪われて、大敗北を喫してしまったのである。

この人のその後

南太平洋海戦を最後に機動部隊参謀長を辞し、各職を歴任後、1944年7月から終戦まで連合艦隊参謀長を務めた。

戦局の転換点③
ミッドウェー作戦
1942年（昭和17）
6月5日～7日

山口多聞【やまぐち　たもん】

ミッドウェーに消えた日本海軍屈指の将星

Profile

海軍少将／第2航空戦隊司令官
・日本海軍でも次代のトップとして期待された逸材。
・ミッドウェー海戦では積極果敢な戦いで、敗色濃厚ななか米軍に一矢報いる。
生没年　1892年（明治25）～1942年（昭和17）　49歳没
出身地　東京都（文京区、本籍は島根県）

山口多聞少将

日本海軍きっての名将として知られる山口多聞少将の見識の高さを示すエピソードは、太平洋戦争開戦からミッドウェーまでのわずか半年の間だけでも、いくつも存在する。例えば、よく批判の対象となる真珠湾の石油施設、艦艇修理施設の撃ち漏らしだが、山口は「第2撃発進準備完了」と南雲に対して攻撃を暗に促している。これが実行されていれば、米艦隊の立て直しははるかに困難だったはずだ。

またミッドウェー海戦では、兵装転換をよしとせず、「現装備（対地用兵装）のまま攻撃隊ただちに発進せしむを正当と認む」と主張した。しかし実際は兵装転換が行われ、いたずらに時間を浪費した結果、ちょうど発進準備が完了したときに攻撃を受けた。そして、各艦はあっという間に炎上した。

幸い、山口の座乗する「飛龍」は他の艦と離れていたため、攻撃を免れた。そこですかさず攻撃隊を発艦、米空母「ヨークタウン」を大破させ、一矢報いた。

孤軍奮闘を続けた「飛龍」だったが、米軍の攻撃の前に命運は尽きる。山口は軍旗を降ろし、総員退艦を命じた。そして加来止男《かくとめお》「飛龍」艦長とともに、沈みゆく艦に残った。「艦をはなれたら、魚雷で撃て」それが部下に対する最後の言葉だった。山口少将と加来大佐は、「月でも眺めるか」と言って艦橋に戻ったという。

こうして海軍の将来を担うとまでいわれた逸材は、母艦とともに海中に消えた。死後、山口は中将に、加来は少将に昇進した。

この人のその後

死後中将に昇進。空母4隻を失った第1航空戦隊は、後の改変で空母「翔鶴」「瑞鶴」を中核に据えた第3艦隊となった。

Part 4

連合軍の反撃

「ミッドウェー海戦」で大敗した日本軍は、1942年（昭和17）7月16日から、米豪遮断を目的として、ソロモン諸島の東端に近いガダルカナル島に上陸し飛行場の建設を始めた。飛行場は8月5日に完成したが、直後の8月7日、突如米軍が上陸。日本軍の設営隊は蹴散らされ、完成したばかりの飛行場は米軍に奪取された。

米軍のガ島上陸は、本格的な反撃の第一歩で、日本は陸海軍共同でガ島を奪回しようとした。しかし、兵力の逐次投入《ちくじとうにゅう》という愚をくり返し、飛行場を奪い返そうとした攻撃は、いずれも失敗した。「ソロモン海戦」（第1次～第3次）、「南太平洋海戦」といった海空戦では、一定の戦果は収めたものの、制空権、制海権は米軍に奪われた。そのため、ガ島への物資の補給が一層厳しくなり、ガ島は飢餓の島「餓島《がとう》」といわれるようになった。

12月31日の大晦日に御前会議が開かれ、ガ島からの撤退が決定した。翌

ガダルカナル島のイル河河口で米軍の待ち伏せ攻撃に遭って全滅に近い損害を被った一木支隊先遣隊。

1943年（昭和18）2月1日から7日にかけて、駆逐艦による撤退作戦が行われた。1万人余りのガ島の将兵が救出されたが、ガ島戦での戦死者は2万人をはるかに超え、その7割近くが、飢餓、栄養失調によるものといわれている。

2月9日、大本営はガ島からの撤退を「転進」と発表した。

当初、ガ島奪還を依頼された陸軍の将兵には、その聞き慣れない島がどこにあるのかさえ知らない者も多かった。それほど日本人には縁が薄く、また遠い島だった。日本はアメリカの国力を脅威としながら、自らの国力の限界を超えるほどに戦線を拡大していたのである。早期講和のための積極攻勢が、完全に裏目に出る形となっていた。

ガ島に航空基地を確保した米軍は、続々と新鋭機を配備。ソロモン方面、ニューギニア方面にも航空兵力を投入し、南太平洋戦域における制空権、制海権を確立しようとした。これに対し、激しい消耗を強いられた日本の航空兵力は、その補充もままならなかった。

ガダルカナルをめぐる戦い①
米軍ガダルカナル島に上陸
1942年(昭和17)8月7日

アレクサンダー・ヴァンデグリフト

日本軍の反撃を予想してガダルカナル島に向かうも、無血で上陸した第1海兵師団長

Profile

アメリカ海兵少将／第1海兵師団長
・ガ島に向かう船団が無傷で目的地に着けるとは考えていなかった。
・上陸に際しても日本軍の強力な反撃を予想し、上陸には5日間かかると考えていた。

生没年　1887年～1972年　86歳没
出身地　アメリカ・ヴァージニア州（シャーロッツビル）

日本軍がガダルカナル島（以下、ガ島）のルンガ岬奥に飛行場建設を始めたのは1942年（昭和17）7月16日だった。

ミッドウェー海戦の敗北で2カ月延期とはなっていたが、この時にはまだ、はるか南東のフィジー諸島やサモア諸島を占領するという計画は生きていた。ガ島飛行場はその前進基地だった。まもなく（7月11日）両諸島への攻略計画が中止となっ

アレクサンダー・ヴァンデグリフト

た。やはり空母4隻を失っては進攻作戦は無理である。

それでもガ島飛行場建設が中止にならなかったのは、ここから爆撃機を飛ばして、沖合を通るアメリカ軍艦船を撃沈するつもりだったからである。アメリカはオーストラリアに巨大な兵站《へいたん》を築いて日本への反攻基地にする計画だったから、アメリカからの輸送船や艦艇を片っ端から爆撃して沈めてしまおうと考えたのである。これがいわゆる米豪遮断である。

ガ島飛行場は8月5日に完成した。

ところが、8月7日、ガ島飛行場はあっけなくアメリカ軍に占領されてしまった。上陸部隊は第1海兵師団で、ヴァンデグリフトはその師団長である。

ヴァンデグリフトの部隊は、空母3隻（「サラトガ」「エンタープライズ」「ワスプ」）に護られた総勢82隻の大艦隊であった。ヴァンデグリフトは、日本軍に発見されずにガ島にたどりつけるとは思っていなかった。さらに日本軍は激しい抵抗をするだろうから、師団の完全上陸には5日間は要すると考えていた。その旨を派遣部隊の指揮官であるフレッチャー中将に告げると、「わが空母群を上陸開始後48時間以上とどめておくことはできない」という答えが返ってきた。ヴァンデグリフトは「フレッチャーは我々を見殺しにするつもりか」と怒りを隠さなかった。だからヴァンデグリフトは決死の覚悟で上陸部隊を送り出したのである。

ところが、実際は日本軍からの反撃をまったく受けずに上陸できてしまった。ヴァンデグリフトだけでなく、上陸部隊のほとんどすべての兵士が安堵のため息を漏らしたことだろう。

理由は、ガ島には設営隊は約2500人いたが、警備の陸戦隊の兵力は250人に満たず、日本軍は反撃したくてもできなかったのだ。米空母艦載機の急襲を受けた設営隊も陸戦隊もあわてて後方のジャングルに逃れた。こうしてヴァンデグリフトは無血でガ島飛行場を占領したのである。

この人のその後

ガ島から帰国すると第1海兵水陸両用軍団の軍団長となり、1943年11月のブーゲンビル島上陸戦に参加。翌年ワシントンに帰り海兵隊司令官。現役で初の大将となった海兵隊将官である。

ガダルカナルをめぐる戦い②
第1次ソロモン海戦
1942年（昭和17）8月8日〜9日

三川軍一【みかわ　ぐんいち】

ガダルカナルに米軍上陸の報で出撃した第8艦隊司令長官への評価

Profile

海軍中将▼編成されたばかりの第8艦隊司令長官

・第1次ソロモン海戦で大勝するも、連合軍の輸送船団を攻撃せず、ガ島揚陸部隊は無傷だった。

・本格反撃を受ける前に戦場を離れることで艦隊の損害を防いだという見方もある。

生没年　1888年（明治21）〜1981年（昭和56）　93歳没

出身地　広島県（江田島市）

1942年（昭和17）8月7日午前、米軍が空母3隻を率いてガ島に上陸したという報告に接し、重巡洋艦5隻で編成された三川軍一中将率いる第8艦隊は同日午後3時半にラバウルを出撃した。午後11時33分、三川は「全軍突撃」を命じ、上空で待ち構えていた水上偵察機が照明弾を落とした。光に浮き上がった連合軍艦隊をめがけて砲撃が開始された。「鳥海《ちょうかい》」は、オーストラリア海軍重巡「キャンベラ」

三川軍一

に命中させ撃沈した。ほとんど同時にアメリカ海軍重巡「シカゴ」に魚雷が命中、大破させた。艦隊は約6分間砲撃し、連合軍艦隊のそばを通過した。

アメリカの重巡3隻が新たに出現した。第8艦隊はこれらを探照灯で照射し、命中弾を浴びせた。こうしてガ島沖連合軍の重巡6隻のうち4隻を撃沈、1隻を大破という戦果を残してラバウルへ帰投した。この戦いを第1次ソロモン海戦という。

この三川の指揮が後《のち》に疑問視された。米フレッチャー中将は「日本の艦隊は丸裸同然になった連合軍の輸送船団をなぜ攻撃しないで帰ってしまったのか。反転し船団を撃沈していれば、ガ島の形勢は逆転していたかもしれない」と語っている。実際、引き揚げ命令が出るまで艦隊内部では「反転攻撃」の強い意見もあったといわれている。しかし、三川は戦後もこの「引き揚げ命令」について口を閉ざしたままだった。

この人のその後

ガ島攻防戦が終わると第2南遣艦隊、南西方面艦隊、第13航空艦隊、第3南遣艦隊の各司令長官を歴任した。

ガダルカナルをめぐる戦い③
一木支隊の全滅
1942年(昭和17)8月21日

一木清直【いちき　きよなお】
敵の詳しい情報もなしにガ島に送りこまれ全滅した「一木支隊」長の無念

Profile

陸軍大佐▼歩兵第1大隊基幹の一木支隊長
・一木支隊はミッドウェー作戦のために結成された部隊だったが、作戦が中止となりグアムで訓練をしていた。
・グアムから日本に帰国の途中、ガ島行きを命じられた。
生没年　1892年(明治25)～1942年(昭和17)　49歳没
出身地　長野県(高森町)(本籍は静岡県森町)

一木清直

ガ島の飛行場奪還のために第1陣として派遣されたのが一木清直大佐率いる一木支隊で、兵力は約2000人である。
このうち一木が直接率いた「一木先遣隊」916人がタイポ岬に上陸したのが8月18日。一木は後続予定の部隊上陸を待つことなく飛行場襲撃を実行しようとして、18人の斥候部隊を派遣した。ところが、この斥候部隊が全滅した。それでも一木は飛行場への突撃を決意し、出撃したが、イル河の待ち伏せ部隊に遭遇してほとんど全滅した。

陸軍歩兵学校の教官でもあった一木大佐は、実戦指揮に練達した隊長として上層部の信任が厚かった。しかし、一木はガ島の米軍は約２０００人（実際の約10分の1）ほどと聞かされており、それなら小銃と擲弾筒《てきだんとう》のみの軽装で十分と考えて出撃したという。完全な情報不足であったが、一木の考えではその程度の敵なら中国戦線での経験から、突撃すれば簡単に降伏させられると考えていたようだ。さらに一木に与えられた事前資料は海図と1枚の航空写真だけだった。この丸腰同然の戦力と敵情資料で本当に勝てると判断していたのだから、ガ島で死んだ兵士たちへの責任は、隊長の一木のみならず一木支隊に出撃を命じた大本営の作戦参謀たちにもあるといえるだろう。

この人のその後

圧倒的戦力の差の前に打つべき手段がなくなった一木は、軍旗を奉焼し自決した。戦死後、少将に進級。

ガダルカナルをめぐる戦い④
川口支隊総攻撃失敗
1942年(昭和17)9月12日〜13日

川口清健【かわぐち　きよたけ】

一木支隊に続いてガ島に送られ、攻撃失敗後に「敵前更迭」された支隊長

Profile

陸軍少将▼ガ島攻撃に参加した川口支隊長
・全滅した一木支隊と同様に、米軍の戦力を見誤ったまま戦闘に突入した。
生没年　1892年(明治25)〜1961年(昭和36)　68歳没
出身地　高知県(高知市)

川口清健

一木先遣隊の攻撃失敗を受けて、陸軍は新たな部隊をガ島へ送りこんだ。兵力約6000人の川口支隊で、川口清健少将がその支隊長である。

川口支隊の大部分は1942年(昭和17)9月7日までにガ島に上陸した。そして13日午後8時に飛行場奪還のために夜襲が決行された。しかし

アメリカ軍の防御は固く、結局飛行場に突入できた部隊はひとつもなかった。

大本営は川口支隊の攻撃失敗を受けて、さらに大規模な部隊をガ島に派遣した。ジャワ島に駐屯していた第2師団主力である。それに第38師団の一個連隊も加え、残存の川口支隊も合わせた兵力は1万人強となった。

攻撃開始は10月24日夜になった。その前日、川口が突然隊長を罷免されるというハプニングがあった。強気の作戦指導で知られる辻政信《つじまさのぶ》中佐の作成した攻撃プランでは勝ち目がないと辻に告げ、正式な変更命令がないまま別の方面からの攻撃を準備したからである。辻は川口の意見を聞いたとき、その場では「快諾」したかのような返事をしたが、罷免は自分の作戦を批判した川口への陰湿な報復だった。

この人のその後

ガ島で戦ったあと日本内地へ戻され、1943年4月に予備役編入即召集で対馬要塞司令官を敗戦近くまで続けた。戦後、戦犯として収容、重労働6年の刑を受けたが、1953年に釈放される。

ガダルカナルをめぐる戦い⑤
第2師団の総攻撃失敗
1942年(昭和17)10月24日

丸山政男【まるやま　まさお】

ガ島飛行場奪回の第1次総攻撃の失敗を受けて投入された第2師団の指揮官

Profile

陸軍中将／第2師団長
・戦力の逐次投入というもっとも拙劣な戦術を敢行。
・6日分だけの食糧携行により「ガ島」転じて「餓島」と呼ばれる悲惨な戦場となる。
生没年　1889年（明治22）～1957年（昭和32）　68歳没
出身地　長野県

「ガダルカナル作戦は、太平洋戦線の関ヶ原である。帝国の興亡この一戦にあり。攻略ならずんば、一兵たりとも生還を期すべからず　第2師団長　陸軍中将　丸山政男」

これはガ島に向かう輸送船において第2師団の各部隊に手渡された謄写版刷りの訓示である。敵情について楽観視していた丸山は、勇ましい言葉で兵士を奮い立たせようとしていたのであろう。しかし、この勇ましさはガ島への上陸の段階で早くも躓《つまず》くことになる。

第２師団は兵員も武器・弾薬・食糧も輸送船を使って10月14日、海岸に揚陸したのだが、米軍は海岸の揚陸物資と輸送船団を激しく爆撃し、大部分が焼失してしまった。残ったのは食糧15日分、弾薬２割、大砲38門だけになってしまったのだ。

丸山政男

10月24日の総攻撃は、折からの豪雨のため午後７時から開始された。しかし、米軍は各地にマイクロフォンを仕掛けて日本軍の進撃路を把握し、要所要所にピアノ線の防御陣地を作っていた。加えて組織的な縦深《じゅうしん》火網《かもう》で反撃。暗闇で地形もわからなかった第２師団はほとんど前進できず、総攻撃は失敗した。以後、第２師団は飢えとの戦いを強いられた。指揮官である丸山は、１９４３年（昭和18）２月の撤退まで泥沼の戦闘を指揮し続けた。

この人のその後

戦後、戦犯容疑により起訴されたが、バタビア裁判で無罪となった。

ガダルカナルをめぐる戦い⑥
南太平洋海戦
1942年(昭和17)10月26日〜27日

ウイリアム・F・ハルゼー
南太平洋地域司令官に就き、日本軍機動部隊と戦いを繰り広げた猛将

Profile

アメリカ海軍中将／南太平洋地域司令官

・1942年10月18日、南太平洋地域司令官就任を命じられると「これまででもっとも厄介な任務だ」とぼやいたが、ヌーメアの陸上基地で南太平洋海戦を指揮した。

生没年　1882年〜1959年　76歳没
出身地　アメリカ・ニュージャージー州（エリザベス）

ガ島における日米の攻防は第2師団の総攻撃でひとつの頂点を迎えたが、海上でもこの総攻撃に合わせて大きな海戦が行われた。それが南太平洋海戦である。日本が空母4隻（「翔鶴《しょうかく》」「瑞鶴《ずいかく》」「瑞鳳《ずいほう》」「隼鷹《じゅんよう》」）で計218機の航空機、米軍が空母2隻（「エンタープライズ」「ホーネット」）で計169機の航空機の戦いだった。

日本の機動部隊はミッドウェー海戦で大敗したにもかかわらず、相変わらず指揮

ウイリアム・F・ハルゼー

官・南雲忠一中将と参謀長・草鹿龍之介少将のコンビだった。米の機動部隊はトーマス・C・キンケード少将が指揮したが、そのキンケードの上官が着任早々の猛将〝ブル〟こと南太平洋地域司令官ハルゼーだった。彼は空母には乗らず、ニューカレドニア島のヌーメアで指揮をとった。

海戦は1942年（昭和17）10月26日に行われ、日本の攻撃隊が「ホーネット」を撃沈し、「エンタープライズ」に中破を与えた。日本側には沈没艦はなかったが、92機の航空機と、多くのパイロットを失った。

ハルゼーはヌーメアから「攻撃せよ、繰り返す、攻撃せよ」と叫んだが、結果的にはこの海戦によって太平洋の作戦で使える空母がなくなるという結末に終わった。

この人のその後

ガ島以後は「蛙跳び作戦」を実行。その後、スプルーアンスと中部太平洋艦隊司令長官を交代で務め、第3艦隊長官としてレイテ沖海戦を戦い、日本の連合艦隊に事実上のとどめを刺した。

Part 5

追いつめられる日本軍

ガダルカナル島の攻防戦と並行して進められたのが、東部ニューギニアの戦いだった。ここでの戦闘は陸軍が主役である。海軍はガダルカナル島攻防戦に手一杯で、ほとんど兵力をふり向けられなかった。重要なのはミッドウェー海戦の敗北、ガダルカナル島での敗北、そしてこのニューギニアでの敗北が日本軍の敗北の始まりだったということだ。

ニューギニアの戦いはポート・モレスビーをめぐる戦いでもあった。ポート・モレスビーは東部ニューギニアの南海岸にあり、珊瑚海をへだててオーストラリアに面している。最初はオーストラリアそのものを占領しようという案もあったが、兵力が足りないので、その対岸のポート・モレスビーで我慢することにしたのである。作戦の狙いは、米軍がオーストラリアを日本に対する反攻基地として使えないようにすることだった。当初は海から攻略をしようとしたが、失敗した。

次に日本軍は東部ニューギニアの北岸ブナから山越え（オーエンスタンレー山脈）で進撃した。ポート・モレスビー攻略部隊は、ポート・モレスビー市がはるかに見えるところまでたどり着いたが、山越えで食糧を補給することがまったくできず退却した。それをオーストラリア軍が追撃した。日本軍が戻ろうとしたブナには、すでにアメリカ軍が上陸しており、ラバウルから送られてきた新手の日本軍と死闘を繰り広げていた。ここでも日本軍は大敗北を喫した。

山本五十六連合艦隊長官肝いりの「い」号作戦も、ガダルカナルをはじめとするソロモン諸島と、ポート・モレスビーなどのニューギニアの連合軍基地を叩く作戦だった。再建途中だった機動部隊の艦上機までをラバウルに進出させ、もともと配備されていた航空兵力と合わせて作戦を行うという大規模な航空撃滅作戦だった。連合艦隊司令部は、この「い」号作戦で劣勢を一気に挽回するつもりだったのだ。

結果として「い」号作戦は戦果どころか大損害を出した。機動部隊から引き抜いた艦上機だけに限れば、全体の3割が撃墜または損傷して使用不能になった。これによってさらに機動部隊の再建は遅れ、作戦行動が不可能な状態がしばらく続くことになる。

　そして、「い」号作戦に関連する山本五十六長官の前線視察が、国民的英雄の死を招くことになるのだ。

「い」号作戦で出撃搭乗員を見送る山本五十六長官。

「い」号作戦で出撃機を見送る山本五十六長官。

地獄のニューギニア戦線①
第18軍の苦難
1942年（昭和17）11月〜1945年（昭和20）9月13日

安達二十三【あだち　はたぞう】

地獄の戦場ニューギニアの指揮官を命じられた第18軍司令官

Profile

陸軍中将／東部ニューギニア戦線の第18軍司令官
・東部ニューギニア戦線は最初から補給路が断たれていた。
・ジャングル、マラリア、沼沢湿原が兵士を苦しめた。
生没年　1890年（明治23）〜1947年（昭和22）　57歳没
出身地　石川県

安達二十三

ニューギニアの面積は日本の約2倍もあり、そのほとんどは熱帯のジャングルで、マラリアなどの風土病が蔓延する発展途上の地域である。そこに18万人の日本軍が投入され、15万人が死んだ。

ニューギニア戦が激しさを増してきた1942年（昭和17）11月、ニューギニアの東半を作戦区域として担当する第18軍が創設され、安達二十三中将が司令官に任命された。安達は赴任早々、ニューギニア戦の特殊な酷《ひど》さを身をもって知ることになった。

まず、ニューギニアの広大さである。第18軍の担当作戦区域は日本よりも広かった。さらにニューギニアでは徒歩で行軍できるような道路はわずかしかない。だから要所から要所への移動は、海上の船団輸送に頼らねばならない。ところが日本軍はミッドウェー海戦で大敗してから、海軍には船団を思う所に輸送するだけの護衛力がなくなった。だからニューギニアの第18軍は、ほとんど道路のないジャングルの中を歩き、橋がない河を渡り、3000メートル以上の山脈を越えた。

フィンシュハーフェン戦では、連合軍は敗走しジャングルに消えゆく日本軍を発見しても、「あんなところでは軍事行動ができない」と追撃しなかったくらいだった。

さらに補給の困難さが将兵を苦しめた。軍は懸命に補給しようとしたが、制空・制海権がないからできなかったのである。将兵はニューギニア戦の最初から飢えた。緒戦のポート・モレスビー攻略戦では、3000メートル級の山脈を横断する行程300キロを、目的地へあと50キロと迫りながら、食糧が尽きて反転せざるを得なかった。

食糧を絶たれると体力が弱って、ほとんど全員がマラリアにかかった。大本営はこれを知っていた。すでにガダルカナルの先例があったし、大本営の参謀たちが何人もニューギニアの前線へ視察に来たのである。

連合軍は常に補給線の範囲内で戦った。日本軍は常に補給線の外で戦った。司令官の安達がそれを知らないわけがなかった。それができない歯がゆさは遺書に「而《し》かも其（十万余の死者の）大部が栄養失調に基因するものなるを思ふ時……」と書いたことでもわかる。安達が指揮したニューギニアの第18軍はまさに補給に負け、ニューギニアの自然に負けたのだ。

この人のその後

降伏後には戦犯として逮捕。その後終身刑を宣告され、部下の戦犯裁判の見通しがつくと自決した。

地獄のニューギニア戦線②
ポート・モレスビー攻略作戦開始
1942年(昭和17)8月18日

堀井富太郎【ほりい　とみたろう】

無謀なポート・モレスビー攻略を命じられた南海支隊指揮官

Profile

陸軍少将▼**グアム島、オーストラリア領ラバウルの占領に当たった南海支隊指揮官**・補給は困難であり、自動車道が整備されないと陸路進攻は不可能と事前に報告していた。

生没年　1890年（明治23）～1942年（昭和17）　52歳没

出身地　兵庫県（小野市）

堀井富太郎

堀井富太郎少将が指揮する南海支隊にポート・モレスビー攻略作戦実施の命令が下ったのは、1942年（昭和17）8月18日のことだった。珊瑚海海戦でモレスビー敵前上陸作戦が米海軍に阻止されたので、今度はオーエンスタンレー山脈を踏破して占領しようとしたのである。図上距離約220キロ、途中で3000〜4000メートル級の山脈を越えるので実際には360キロと計算された。

堀井は作戦開始前から人員数と補給路を計算し、補給の難しさと食糧不足を理解していた。しかし命令だから行かねばならない。結局、限界の15日分を背負って出発した。

行軍は困難を極めた。暗号解読により待ち伏せしていたオーストラリア軍が、要所要所で攻撃しては退却する。部隊は相次ぐ戦いに疲れ、高地の寒気に震え、食糧も底をつき次第に飢餓状態となっていった。

それでも部隊はモレスビーが望見できるイオリバイワまで進出した。しかし堀井は、飢餓であまりにも痩せさらばえてしまった兵隊の姿を見て退却を命じた。補給に自信をなくした上級指揮官の第17軍司令官・百武晴吉《ひゃくたけはるよし》中将からの撤退命令も届いていたからである。

退却する南海支隊を連合軍は激しく追撃。辛うじて海岸に到達した将兵も、連合軍との戦闘に巻きこまれ、大部分が戦死した。

この人のその後　撤退中に川を下る船が転覆し溺死。のち中将に昇進。

海軍甲事件①
「い」号作戦
1943年（昭和18）4月7日～18日

宇垣 纏【うがき　まとめ】

「い」号作戦終了後の前線視察を山本とともに行う計画を立てた連合艦隊参謀長

Profile

海軍中将／連合艦隊参謀長

・宇垣の思いついた前線視察が山本長官の命を奪うことになった。
・視察の危険性を指摘されたが、暗号を過信し無視。

生没年　1890年（明治23）～1945年（昭和20）　55歳没
出身地　岡山県（岡山市）

1943年（昭和18）2月、日本軍はガダルカナル島から撤退した。同年4月、連合艦隊司令部はこれまでの劣勢を挽回するために大々的な航空作戦を展開した。山本五十六連合艦隊司令長官が自らラバウルに進出して行ったこの作戦は「い」号作戦と呼ばれた。389機の航空機を投入して、ガ島米軍基地、東部ニューギニアのオロ湾、ハーベイ湾、ポート・モレスビー等々を爆撃した。戦果は小艦艇や輸送船数隻の撃沈に終わった。しかし、司令部は18隻撃沈、134機撃墜したと見積もった。

　連合艦隊参謀長・宇垣纏中将は「い」号作戦中、ブーゲンビルやショートランドの前線を視察する計画を立てた。ガ島の戦いはもともと海軍が始めた戦いだったので、ショートランド島などの前線を訪問してねぎらいたいと考えたのだ。宇垣の部下は作戦中は無理と進言し、作戦終了後にということになった。

　それを知った山本は宇垣に、「ぼくもショートランドへ行きたいからね」と言い、結局「宇垣参謀長視察」は「山本長官視察」に格上げされた。幕僚たちは危険過ぎるという理由で前線視察に反対したが、山本も宇垣も聞き入れなかった。

「い」号作戦終了前日の4月13日、各基地に向けて山本の視察日程が打電された。

宇垣纏

暗号を用いていたとはいえ、長官の分刻みのスケジュールが詳細に記されており、敵に解読された場合、山本の命が危なかった。

　ショートランドの第11航空戦隊司令官・城島高《じょうじまたか》次《つぐ》少将は、電文を見るやラバウルに飛んだ。そして宇垣に視察の危険性を訴えたが、宇垣は「暗号が解読されているはずがない」と城島の訴えを退けた。日本海軍は暗号を更新したばかりだったからだ。しかし、山本の行動を詳しく知らせるこの電文は4桁数字の暗号で打たれていたが、米軍にあっさり解読されていた。

1943年（昭和18）4月18日、山本以下6人の幕僚が2機の一式陸攻に分乗しラバウルを出発した。当然、幕僚の中には宇垣も含まれている。護衛はわずか6機の零戦だけだった。もっと多くの零戦をつけるべきだとの意見も出されたが、山本が許さなかったといわれている。

そして暗号を解読した米軍は、念入りに山本長官謀殺作戦を練って待ち構えていた。結果として宇垣の前線視察という思いつきと、暗号に関する過信が山本の命を縮めたことになる。

この人のその後

前線視察では撃墜されたが、奇跡的に生還。第1戦隊司令官としてマリアナ沖海戦、レイテ沖海戦に従軍。その後第5航空艦隊司令長官として沖縄航空特攻を指揮。日本降伏を告げる玉音放送の後、自ら特攻機に乗りこみ沖縄へ向け出撃、消息を絶った。

海軍甲事件②
山本長官機
撃墜計画始動

1943年（昭和18）、4月17日

マーク・ミッチャー

山本五十六長官機撃墜作戦の指揮を執った
ソロモン地域航空部隊司令官

Profile

アメリカ海軍少将／ソロモン地区陸海軍混成航空部隊司令官
・着任早々、人事を一新し、戦意の低い飛行隊長を更迭、勲功のあった飛行隊にはウイスキーを特配するなど戦意高揚に努めた。

生没年　1887年～1947年　60歳没
出身地　アメリカ・ウィスコンシン州（ヒルスボロー）

山本五十六連合艦隊司令長官が前線視察するという暗号電文は、完全に米軍に解読された。太平洋艦隊司令長官ニミッツ大将は大統領から了解を得た上で山本機の撃墜を決めると、ソロモン海域を指揮しているハルゼー大将に山本機撃墜の作戦計画作成を命じた。

ハルゼーはガダルカナルのミッチャー少将に打電した。

「敵のヤマモト提督が日曜の朝、ブーゲンビルに現れる。討ち取れるか？」

マーク・ミッチャー

混成航空部隊司令官に着任したばかりのミッチャーは、山本機を攻撃できるのはガ島から発進する陸軍戦闘機P38ライトニング以外にはないと思った。ミッチャーは「作戦は可能」と返電した。

ミッチャーは作戦隊長にジョン・W・ミッチェル陸軍少佐を選ぶと、ガ島の首脳を集めて、ワシントンのノックス海軍長官から受け取った命令書を読み上げた。「ソロモン方面部隊は、たとえ全滅するとも山本機を捕捉撃墜せよ。諜報によれば、山本は時間にきわめて厳格なりという。大統領はこの作戦に重大な関心を寄せられている。結果はただちにワシントンに報告せよ」。

そしてこう言葉を継いだ。

「この島は何がなんでも捕まえなければならん。最良の計画を練ってくれ」

この人のその後

ガ島戦のあと米海軍は最強の空母部隊を完成させ、その司令官を終始務めた。

第3部

崩壊する絶対国防圏

Part 1

玉砕の島々

ガダルカナル島と東部ニューギニアの東端に拠点を築いたアメリカ軍は、十分に準備をととのえ、一斉に本格的な反攻作戦に入った。それが1943年（昭和18）6月末である。

日本軍を追いつめるアメリカ軍は2つの軍団に分かれていた。ハワイに根拠地をもち、太平洋艦隊司令長官チェスター・W・ニミッツ大将に率いられた米中部太平洋艦隊と、オーストラリアに根拠地をもち、ダグラス・マッカーサー大将が指揮する米豪連合陸海軍（南西太平洋方面軍）である。ニミッツ軍はガダルカナル島から西のソロモン諸島を島伝いに日本軍を打ち破り、ブーゲンビル島に達した。このニミッツ軍の攻勢と歩調を合わせて、マッカーサー軍がニューギニアの北岸伝いに順々に上陸し、それぞれに補給基地を築いた。

ソロモン諸島でもニューギニアでも日本軍は精一杯抵抗したが、十分に準備したアメリカ軍の敵ではなかった。ニミッツ軍とマッカーサー軍は協議のすえ、最大の日本軍部隊（約10万人）が駐屯しているラバウルへの上陸作戦を中止した。周囲の日本軍陣地を占領することで、ラバウルそのものを孤立させ、立ち枯れにするメドが立ったからである。

ラバウルを孤立させたニミッツ軍の機動部隊は、一転して中部太平洋をまっすぐ進み、マリアナ諸島を目指した。そこに大型重爆撃機Ｂ29の基地を建設し、東京など日本本土を空襲するのが目的だった。

ニミッツ軍はマリアナ諸島（サイパン島、グアム島、テニアン島など）を攻略するために、中部太平洋のもっとも東寄りにあった日本軍陣地ギルバート諸島のマキン島、タラワ島、マーシャル諸島のクェゼリン島、エニウェトク島に上陸した。これら島々の日本軍は増援も得られず、数日で全滅した。当時は全滅という言葉を避けて玉砕《ぎょくさい》と呼んだ。玉砕とは玉のように美しく砕け散ることで、名誉や忠義を重んじていさぎよく死ぬこと、という意味である。マキン、タラワの玉砕前にも東部ニューギニアのブナ陣地などで同様の方法で全滅した部隊もあったが、新聞やラジオで大きく報道されて、国民が「玉砕」を知ったのはアリューシャン列島のアッツ島守備隊が最初だった。

玉砕戦の始まり
アッツ島守備隊の玉砕
1943年(昭和18)5月29日

山崎保代【やまざき　やすよ】

玉砕の始まり、全滅を命じられたアッツ島守備隊長

Profile

陸軍大佐▼**歩兵第130連隊長として太平洋戦争を迎える**・北海守備第2地区隊長（アッツ島守備隊長）となり、玉砕戦を指揮。
生没年　1891年（明治24）～1943年（昭和18）　51歳没
出身地　山梨県（都留市）

山崎保代

太平洋戦争の転機となった「ミッドウェー作戦」と同時進行で「アリューシャン作戦」が行われ、日本軍は1942年（昭和17）6月、アリューシャン列島のアッツ島とキスカ島を無血占領した。

反撃の態勢を整えた米軍は、1943年（昭和18）5月12日、奪還を目指してアッツ島に上陸した。アッツ島には山崎保代大佐以下2500人の日

本軍守備隊がいたが、上陸した米軍の兵力は1万2000人。アッツ島守備隊2500人で対抗できるものではない。守備隊は押しまくられた。救援部隊の派遣が検討されたが、海軍は燃料不足から断った。やむなく上級司令官（北方軍司令官・樋口《ひぐち》季一郎《きいちろう》中将）は、「最後に至らば潔く玉砕し、皇国軍人精神の精華を発揮するの覚悟あらんことを望む」と命じた（5月23日）。

山崎はこれに応えて、負傷者はその場で自決させ、「重傷者は軍医をして処理せしめ」、非戦闘員も加えた攻撃隊を編成し、「生きて虜囚《りょしゅう》の辱《はずかし》めを受けざるよう覚悟せしめたり」と電報した。文字どおりの「戦陣訓」の実践だった。玉砕突撃は電報日付の5月29日。生存者はわずかに27人だった。

「アッツ島に皇軍の神髄発揮」「山崎部隊長ら全将兵　壮絶・夜襲を敢行玉砕」……これは5月31日付の新聞の見出しであるが、この時初めて「玉砕」という言葉が使われた。そして、「この仇《かたき》断じて撃つ」といった敵愾心《てきがいしん》を煽《あお》る活字が新聞紙上をにぎわした。

この人のその後

戦後、遺骨収集の際に攻撃部隊の一番先頭で遺品と遺骨が確認された。指揮官が先頭に立って戦った証《あかし》だった。死後、2階級特進、中将となった。

奇跡の作戦
キスカ島撤収作戦
1943年（昭和18）7月29日

木村昌福【きむら　まさとみ】

味方に死傷者を出すことなく奇跡の撤退作戦を成功させた司令官

Profile

海軍少将／第1水雷戦隊司令官
・隠密作戦に都合の良い天候を待ち続け、決して作戦を強行することはなかった。
・連合艦隊司令部からの催促や弱腰との非難も意に介さなかった。

生没年　1891年（明治24）～1960年（昭和35）　68歳没
出身地　静岡県（静岡市）

木村昌福

アリューシャン列島のキスカ島は、アッツ島より米本土に近い位置にあったが、米軍は大方の予想に反して、キスカ島を飛び越えてアッツ島に来襲、同島は玉砕した（1943年5月）。

その結果、キスカ島守備隊5200人の将兵は、完全に孤立した状態になり、彼らは「いずれ自分たちもアッツ島と同じ運命をたどることになる」と悲壮な覚悟をした。

第1水雷戦隊司令官に着任したばかりで、立派なヒゲをはやした木村昌福少将に、北方の防備を担当する第5艦隊の司令長官河瀬四郎《かわせしろう》中将から、キスカ島守備隊5200人の撤収を目的とした「ケ号作戦」の命令が下った。

キスカ島周辺の制海権は米軍の手中にあり、この撤収作戦を成功させるには、アリューシャン方面に発生する濃霧を利用するしかなく、木村は辛抱強くその機会を待った。1回目の出撃では突入を目前に悪天候に阻まれたが、強行突入を主張する部下たちに「帰ろう、（無事に）帰ればまた来られるから」と諭《さと》して途中で引き返し、状況をよく判断した作戦指揮を行った。

果たして千載一遇の好機はやってきた。長期にわたる濃霧発生の予報を得て、木村艦隊（軽巡洋艦2隻、駆逐艦10隻）は、幌筵《ほろむしろ》島（日本海軍北方部隊の基地）を出撃。7月29日、濃霧にまぎれてキスカ島に突入、5200人の将兵を短時間で収容し、全艦無事に幌筵島に帰投した。

この人のその後

撤退作戦の成功により昭和天皇に拝謁する栄誉を受けた。最終階級は中将。

相次ぐ玉砕戦 タラワ・マキンの玉砕
1943年(昭和18)11月21日〜24日

柴崎恵次【しばざき　けいじ】

予想外の損害を与えたが、玉砕したタラワ・マキンの守備隊長

Profile

海軍少将／ギルバート諸島の防衛指揮官
・「タラワの恐怖」と米軍を震え上がらせた激戦を指揮。
・初めから増援部隊も救出部隊も送られることがない戦いだった。

生没年　1894年（明治27）〜1943年（昭和18）　49歳没
出身地　兵庫県（加東市）

柴崎恵次

日本軍がギルバート諸島のタラワ島とマキン島を占領したのは、日米開戦の直後である1941年（昭和16）12月10日だった。タラワ島は十数の環礁からなる島で、南西端にあるベティオ島が主島である。日本軍はこのベティオ島に海軍部隊（第3特別根拠地隊など）の主力を置き、飛行場を

建設した。守備隊の兵力は約4600人だった。すぐ近くのマキン島には、第3特別根拠地隊の一部約700人が配備されていた。これらの部隊の指揮官が柴崎恵次少将だった。

柴崎は上海特別陸戦隊参謀長として太平洋戦争を迎え、呉防備戦隊司令官を経て、1943年（昭和18）7月、ギルバート諸島の防衛指揮官（第4艦隊附第3特別根拠地隊司令官）としてタラワに赴任した。

タラワには半地下式のトーチカ陣地が構築してあり、「米軍が100万の大軍でかかってきても、100年かかってもタラワを占領することはできない」と柴崎は豪語していたという。

1943年11月21日、米軍はベティオ島に上陸を始めた。日本軍も海岸砲台から砲撃を開始。これに対して米軍も戦艦「メリーランド」が応戦、他の艦船も一斉に砲撃を開始した。砲撃は延々2時間半も続き、海岸一帯は砲撃の硝煙と砂塵《さじん》に覆われた。タラワに上陸した米軍は約1万8600人で、このうち3400人の死傷者を出しているが、その大半はこの水際の戦闘で斃《たお》れた者だという。

次々と日本軍守備隊の前に米兵が上陸する。そして上陸3時間後には、日本軍の防空壕、塹壕は死傷者で埋め尽くされた。柴崎は、この米軍上陸初日に敵弾に当たり戦死したといわれている。守備隊は米軍上陸5日目に玉砕した。

同日、マキン環礁の主島であるブタリタリ島にも米軍が上陸を始めた。同じ日に米軍が上陸したタラワのベティオ島とは違い、マキンでは日本軍守備隊による水際での反撃はまったくなかった。しかし、日本軍は海岸から3キロ近くの内陸部に主陣地を構えており、米上陸部隊が射程内に入るのを塹壕やトーチカの中でじっと待っていたのだ。その防御ラインに米兵たちが近づいたとき、守備隊の銃砲が一斉に火を噴いた。米軍は進撃を阻まれた。

日米両軍はほんの数十メートルの距離で撃ち合い、戦闘は一進一退を繰り返した。米軍は工兵による突撃班を編成し、守備隊の壕をひとつずつ潰していく作戦に出た。日米両軍はまる一日激しい戦闘を続けることになる。しかし、米軍の圧倒的多数の兵力と無尽蔵とも思える物量の前に、マキン島の日本軍守備隊は24日までにほぼ全滅した。12月20日、大本営はタラワ、マキン両島の玉砕を発表した。

この人のその後

米軍攻撃の初日に死亡したとされているが、通信も途絶えていたので、玉砕の日に戦死と認定され、中将に特別進級した。

連合艦隊の凋落①
海軍乙事件
1944年（昭和19）3月31日

古賀峯一【こが　みねいち】

前線指揮所を移動中に行方不明になった連合艦隊司令長官

Profile

海軍大将／連合艦隊司令長官
・連合艦隊司令長官に就任後「すでに三分の勝ちもない」と語っていた。
・連合艦隊の前線指揮所をパラオからダバオへ移そうとしていた。

生没年　1885年（明治18）～1944年（昭和19）　58歳没
出身地　佐賀県（有田町）

古賀峯一

古賀峯一大将は、連合艦隊司令長官山本五十六の戦死から7日後の1943年（昭和18）4月25日、連合艦隊司令長官の指揮統帥を継承、発動した。
古賀は連合艦隊司令長官に就任直後、幕僚たちに、戦いの勝算は極めて厳しい旨の訓示を行っている。敗戦を悟りながら連合艦隊司令長官の職を引き受けた古賀の思いは、いかばかりであったろう。

古賀の頭の中にはソロモンでの消耗戦から脱出し、東方マーシャル方面での米海軍戦艦部隊との艦隊決戦構想が膨らんでいたのである。それがZ作戦である。しかし、情勢は悠長に艦隊決戦のチャンスをうかがうほど余裕はない。ソロモンに押し寄せる米軍機動部隊を撃破するために、Z作戦のための虎の子の兵力である第3艦隊の空母機をラバウルに移し、「ろ」号作戦を実施するが、あえなく惨敗。貴重な航空戦力を失ってしまった。もう米軍は連合艦隊の泊地トラック島をいつでも攻撃できる態勢になったのである。そして、それを恐れた連合艦隊主力はパラオへ退避した。

軍令部は、連合艦隊に対して、パラオ以西に避難することを命じた。間もなくトラック島が米機の奇襲を受けるに至り、慌てた司令部は、1944年（昭和19）3月31日、2機の2式大型飛行艇に司令部幹部を分乗させてパラオを脱出しダバオに向かった。しかし天候不良で2機の飛行艇のうち、古賀の1番機は行方不明、福留《ふくとめ》参謀長の2番機は不時着し、生存者は捕虜になった。

この人のその後

古賀の遭難は「海軍乙事件」と呼ばれた。古賀は殉職と判断され、特旨により元帥を授与された。

連合艦隊の凋落②
海軍乙事件
1944年（昭和19）3月31日

福留 繁【ふくとめ　しげる】

反日ゲリラに捕まり、連合艦隊の機密書類を奪われた参謀長

Profile

海軍中将／連合艦隊参謀長
・海軍甲事件で重傷を負った宇垣纏の後任として参謀長に就任。
・「作戦の神様」と呼ばれたが、艦隊決戦主義から脱却できず、有効な作戦を打ち出せていなかった。

生没年　１８９１年（明治24）～１９７１年（昭和46）　80歳没
出身地　鳥取県（大山町）

福留繁

１９４４年（昭和19）３月31日、連合艦隊の前線指揮所をダバオに移すため、古賀峯一長官機に続き、福留は2式飛行艇でパラオを脱出した。しかし、悪天候となって機は海上に不時着した。セブ島のナガ沖だった。

出撃を前に神風特攻隊員に烈々たる訓示を与える福留指揮官（昭和19年12月6日）

海岸から近かったので漁民たちが救出してくれた。その時、福留は大事に抱えていた鞄を海中へ捨てた。漁民がフィリピン占領中の日本軍に抵抗しているゲリラと関係があるのでは……と直感したからだ。鞄の中には、今後の連合艦隊の作戦を詳細に記したZ作戦計画書と暗号関係の機密書類が入っている。

ところが、漁民の1人が沈んでいく鞄を拾い上げた。鞄はゲリラから次々にリレーされ、米軍の手に渡る。機密情報はハワイの米太平洋艦隊司令長官ニミッツ大将にも伝えられ、これから日本の連合艦隊が行う作戦の詳細はニミッツの知るところとなった。

救出された福留らは、その地域を総攻撃することになっていた日本陸軍が作戦を延期するという条件で日本軍へ引き渡された。

東京に戻った福留らは海軍首脳による査問を受けたが、「機密書類の入った鞄は漁民の手に渡ったが、彼らは関心を持たなかった」という、何の根拠もない福留の弁明を聞き、首脳たちはそれ以上追及しなかった。不可抗力なこととはいえ、機密書類を奪われるという自らの失態を覆い隠そうとした福留と、己の地位の安泰を図って事故の糾明をないがしろにした海軍首脳たちの罪は大きい。なぜなら2カ月半後のマリアナ沖海戦にこの時の機密漏洩の効果が存分に表れたからだ。

この人のその後

その後、第2航空艦隊司令長官となり台湾沖航空戦を指揮し、次いでフィリピン特攻を指揮。1945年に入ると3つの艦隊の長官を次々に歴任。敗戦後は戦犯としてシンガポール軍法会議で禁錮3年の判決。

Part 2

死の戦場

ニミッツ軍がギルバート、マーシャル諸島を攻略している時、一方のマッカーサー軍はひたすらニューギニア北岸沿いを進んで、ホーランジア（現インドネシアのイリアンジャヤ州ジャヤプラ）に達し、フィリピン奪還のための大艦隊が集結できる根拠地を得た。

マッカーサー軍には空母部隊はなかったので、陸軍航空部隊の基地を前進させていくしかない。フィリピンを爆撃できる最初の航空基地がビアク島だった。マッカーサー軍のビアク島上陸日とニミッツ軍のサイパン上陸日がほぼ重なった。

ニミッツ軍は1944年（昭和19）6月15日、マリアナ諸島のサイパンに上陸を開始した。以後、ニミッツ軍はグアム、テニアンにも上陸したが、その目的はこの3つの島にスーパーフォートレス（超空の要塞）重爆撃機・ボーイングB29の基地を設け、東京や大阪などの日本本土の爆撃を始めるためだった。サイパンから東京まで約2500キロ、爆弾を満載して航続距離5000キロのB29がちょうど往復できる位置である。

この時期、日本軍は主観的にはアメリカ軍を阻止できると相当な自信をまだもっていた。アメリカ軍の事情はよくわからないまでも、自分たちは万全の策をとっている、という自信があったようだ。だがマリアナ沖海戦で日本軍は完敗し、空母部隊は事実上壊滅した。さらにサイパン、グアム、テニアン、ビアクの日本軍守備隊も短期間に玉砕した。

サイパンをはじめとするミクロネシアの島々が米軍に占領されたということは、絶対国防圏が崩壊したことを意味する。絶対国防圏は前年の1943年（昭和18）9月30日の御前会議で決定されたものだが、軍と政府を牛耳る東條英機首相一派が机上で作り上げた防衛線だった。当時から東條内閣の戦争指導に対する不満が噴き出していたが、絶対国防圏が破られると、東條内閣を倒し、事態を打開しようという動きが表面化してきた。

つまり、戦争続行一点張りの東條を退陣させ、なんとか戦争終結の方法を探ろうという動きである。

潜んでいた洞窟から、米軍に集められたサイパン島チャラン・カノアの日本人。

サイパンの戦い①
グアム島の日本軍
組織的抵抗終了
1944年(昭和19)
8月11日

小畑英良【おばた　ひでよし】

パラオ出張中に米軍サイパンに上陸、司令部に戻れなかった軍司令官

Profile

陸軍中将／サイパン防衛の第31軍司令官
・騎兵科出身で開戦時は第5飛行集団長。
・米軍サイパン上陸時、サイパンに帰れず、グアムで戦死。
生没年　1890年（明治23）～1944年（昭和19）　54歳没
出身地　大阪府

小畑英良

開戦初期、第5飛行集団長としてフィリピン攻略、次いでビルマ（現ミャンマー）攻略に従事した。ともに米英の準備不足に助けられ、大きな戦果をあげたが、末期になると航空兵力の差が大きく開いた。

1944年（昭和19）2月、第31軍司令官とな

りサイパンを中心としたマリアナ諸島、パラオ諸島、硫黄島等の広い範囲の防衛を担当した。司令部はサイパンに置かれたが、第31軍は直前まで米軍のサイパン上陸作戦を予想することができなかった。

このため、米軍がサイパン上陸を開始したとき（6月15日）、小畑はパラオ出張中であった。大急ぎでサイパンに戻ろうとしたがついにその機会は得られず、グアムで指揮をとることになった。

サイパンの日本軍が玉砕したのは7月7日。2週間後の7月21日、米軍はグアムに上陸を開始した。グアムの日本軍は陸軍が約2万5０００人、海軍警備隊が約8０００人である。小畑はグアム島防衛司令官高品彪《たかしなたけし》中将（第29師団長）を励ましつつ指揮に当たったが、約3００００人の海岸貼り付け部隊は半減した。

小畑らは中部のマンガン山陣地で指揮をとり、米軍に白兵戦を挑むように誘導したが、米軍はその手に乗らず、迫撃砲と機関銃で遠巻きに攻撃した。すでに大砲や戦車がなかった日本軍は戦死者3０００人を出した。このとき小畑は早くも玉砕決行を大本営に打電したが、大本営は時期尚早と判断、さらなる奮闘を望んだ。

司令部は北部に脱出、又木山にたてこもった。米軍はその陣地めがけて2０００人の歩兵と10両を超える戦車で来襲。激闘10日間、8月11日、ついに支えきれず小畑ら軍首脳は自決した。後刻、指揮所となっていたこの洞窟に入った米軍は、洞窟内に約60人の日本軍人の死体を発見したという。

グアム島では残存部隊の玉砕決行はなされず、数千人が終戦まで戦いぬいた。彼らは十数人ずつのグループを組み、ゲリラ戦を長く続けた。それは日本降伏となっても終わらず、最後の生き残りと思われた59人がジャングルから出てきたのは敗戦約1カ月後のことである。その後、1960年（昭和35）に2人（皆川文蔵《みながわぶんぞう》、伊藤正《いとうただし》）、1972年（昭和47）に1人（横井庄一《よこいしょういち》）の元日本兵が住民に発見・保護された。

戦死者は1万9235人という。

この人のその後

「大宮島《おおみやとう》（グアム島）玉砕の報により、本国国民の士気阻喪《そそう》せんことを憂うのみ」。小畑訣別電報の一節である。没後、大将に進級した。

サイパンの戦い②
サイパン守備隊玉砕
1944年(昭和19)7月7日

斎藤義次【さいとう　よしつぐ】

効果がなかった水際作戦、タッポーチョ山で激しく抵抗

Profile

陸軍中将▼サイパン玉砕戦を指揮した北部マリアナ地区集団長
・小畑軍司令官不在で思わぬ大任を負う。
・サイパンでバンザイ突撃を命じたあと自決。
生没年　1890年（明治23）～1944年（昭和19）　53歳没
出身地　宮城県

斎藤義次

斎藤中将は騎兵将校だった。騎兵連隊長を務めたり騎兵学校教官を務めたりして、サイパンに来る直前は軍馬補充部本部長のポストにあった。

1944年（昭和19）4月に第43師団長となりサイパンに赴任、小畑英良第31軍司令官のもと北部マリアナ地区集団長となった。

サイパンに米軍が上陸したとき（6月15日）、

不在の小畑に代わって全陸軍部隊を指揮したが、その戦法は当時の常道であった水際作戦（海岸線で食い止める）を踏襲した。結果は想像を絶する艦砲射撃と空爆で抵抗力を半減させられ、上陸部隊への夜襲反撃も間断なき照明弾のため戦場は昼間と変わらぬ明るさとなり、水際作戦は失敗した。それでも上陸部隊の1割を死傷させる善戦を見せたのである。

斎藤はタッポーチョ山にこもって約5日間抵抗のあと、北上。マッピ岬付近の洞窟に司令部を移して抵抗したが、7月6日、最後の玉砕突撃を命じて、自決した。

玉砕命令は付近の生き残り約3000人に謄写版刷りの命令書や口伝えで伝えられた。7月7日、1000人単位の3組が生き残りの佐官クラスを先頭に、敵弾に身をさらすようにワーッという喚声とともに突進し、バンザイ突撃と称された。

この人のその後

斎藤の大本営に宛てた最後の訣別電報には、「航空機の増産活躍を望みて止まず」と、航空兵力枯渇への無念さが記されていた。

サイパンの戦い③
米軍サイパンに上陸
1944年(昭和19)6月15日

リッチモンド・K・ターナー

マリアナ諸島攻略の水陸両用軍団12万7000人を上陸させた指揮官

Profile

アメリカ海軍中将▼サイパン上陸部隊の海上指揮官
・大部隊の上陸作戦を指揮。
・空母機動部隊に先導されての大作戦。
生没年　1885年～1961年　75歳没
出身地　アメリカ・オレゴン州（ポートランド）

リッチモンド・K・ターナー

米軍は1944年（昭和19）6月15日、サイパン島への上陸作戦を開始したが、その上陸部隊12万7000人を乗せた535隻の輸送船と上陸用舟艇を指揮したのがターナーである。

米海軍は第5艦隊を編成したとき、空母機動部隊指揮官にレイモンド・A・スプルーアンス大将を起用し、その水陸両用作戦兵力は第5水陸両用部隊と称されたが、それはターナーが編成し指揮したのである。この部隊に編入された地上部隊は陸軍と海兵隊で、双方とも第5水陸両用軍団と称され、その軍団長はホーランド・M・スミス海兵中将だった。ターナーはそんな第5艦隊の三本柱の一翼を担った一人だったのである。

水陸両用軍団はサイパンだけでなく、テニアン島やグアム島攻略部隊も含まれていた。

米軍のサイパン上陸作戦は6月11日から空母機の大空襲に始まり、13日からは戦艦などによる艦砲射撃も始まった。米軍はサイパン上陸前に根こそぎ日本軍の抵抗力を喪失させ、上陸部隊の犠牲者を少なくするという作戦だった。

実際の上陸開始は6月15日午前9時前。水際作戦で抵抗した日本軍は、上陸部隊2万人の1割を死傷させる奮闘ぶりだったが、結局は多勢に無勢で1カ月もしないうちに玉砕に追いこまれた。

この人のその後

戦後海軍大将に進級、国連軍事委員会のアメリカ海軍代表を務めた。1947年に退役し、カリフォルニア州モントレーで死去した。

サイパンの戦い④
米軍タッポーチョ山占領
1944年（昭和19）6月25日

ホーランド・M・スミス
サイパン島攻略地上部隊を指揮し、日本軍を追いつめた

Profile

アメリカ海兵中将▼マリアナ攻略時の北方攻撃隊地上指揮官
・非常にタフで精力的な指揮官。
・陸海空水陸共同戦に大きな力を発揮する。
生没年　1882年〜1967年　84歳没
出身地　アメリカ・アラバマ州（シール）

ホーランド・M・スミス

マリアナ上陸部隊は統合遠征軍と呼ばれたが、サイパンとテニアンを攻略する北方攻撃隊（2個海兵師団基幹）とグアムを攻略する南方攻略部隊（1個海兵師団、1個海兵旅団）、洋上予備（1個歩兵師団）に分かれていた。別に総予備としてハワイに1個歩兵師団が置かれていた。

スミスはこの北方攻撃隊の地上指揮官であっ

た。よくいえば「非常にタフで精力的な指揮官」、皮肉っぽくいえば「ハウリン・マッド」「マッド・スミス」などと評されただけあって、作戦遂行に当たってはまことに積極果敢なものがあった。

その一例として、タッポーチョ山に立てこもって激しく抵抗する日本軍陣地を抜こうとして、洋上予備軍の歩兵第27師団を投入して一気にかたをつける作戦に出た（1944年6月22日）。

しかし、『戦史叢書・中部太平洋陸軍作戦（1）』が、「（守備隊は一丸となって）錯雑した地形を利用し、両側の高地や、山腹の自然洞窟から前進する米軍を側射し、頑強な抵抗を続けたので、米軍は一歩も前進することができなかった」と書いているように、歩兵第27師団の前進は阻まれた。

業を煮やしたスミスは、師団長ラルフ・スミス陸軍少将の攻撃精神が足りないとして、あっさりと更迭したのである。敵前での激戦中に指揮官をクビにするのは米軍としても異例であった。

新師団長のもと、爆雷を抱いて米戦車に体当たりするなど捨身の抵抗を続けた日本軍を攻め立てて、6月25日、ついにタッポーチョ山の陣地は奪取されたのである。

こういう攻撃精神が評価されたのか、スミスはこの直後、米太平洋艦隊海兵隊司令官となり、新たにグアム島攻略戦を指揮した。

スミスは若い頃弁護士の資格を得たが、肌が合わないとして軍人を目指したという。しかし職業軍人として陸軍に入るのは難関だったため、海兵隊に入隊した。

サイパンに至るまでの統合遠征軍は、ギルバートやマーシャル諸島で攻略作戦を展開して日本軍を例外なく玉砕に追いこんだが、その上陸部隊司令官もスミスだった。

サイパンなどのマリアナ諸島を攻略した米軍は翌年2月、硫黄島《いおうとう》に上陸するが、ここでもスミスは第56任務部隊の司令官として3個海兵師団を指揮し、日本軍を玉砕に追いこんでいる。

この人のその後

その激しい性格からか、戦艦ミズーリ号上で行われた日本降伏文書の調印式にはニミッツ提督の意思として参列を拒否されたという。1946年退役、名誉大将に推された。

壊滅した海軍機動部隊
マリアナ沖海戦
1944年（昭和19）6月19日〜20日

小沢治三郎【おざわ　じさぶろう】

米軍の最先端兵器には通じなかった小沢のアウトレンジ戦法

Profile

海軍中将▼**マリアナ沖海戦時の第1機動艦隊司令長官**
・アウトレンジ戦法で米空母艦隊に挑む。
・結果は予想外の完敗に終わる。
生没年　1886年（明治19）〜1966年（昭和41）　80歳没
出身地　宮崎県（児湯《こゆ》郡）

小沢治三郎

米軍はスプルーアンス大将指揮の第5艦隊を率いてマリアナ諸島（サイパン、グアムなど）攻略を始めた。第5艦隊の中には空母機動部隊（空母15隻、搭載機896機）が含まれていた。小沢が率いる第1機動艦隊（空母9隻、搭載機439機）はこれに戦いを挑んだ。これがマリアナ沖海戦だ

（6月19日）。

小沢はアウトレンジ戦法で米空母機から攻撃を受けない十分な距離をとり、攻撃隊を出撃させた。しかし、優秀なレーダーにより探知され、空中待機の戦闘機部隊には日本軍機の位置、高度、速度が刻々と通報されていた。日本軍機は待ち伏せされ、あっけなく撃墜された。それをかいくぐって米空母を目指した攻撃隊は途中で戦艦群の高射砲攻撃を受け、大半が撃墜された。命中しなくても日本機の数十メートル付近で熱を感知し爆発したので、その破片にやられたのである。米軍砲弾がそのようなVT信管（近接信管）を装備していることを日本軍は知らなかった。

もともと航路を誤り米空母上空に達しなかった攻撃隊も多かったが、海戦が終わってみると空母搭載機はわずか12機しか残っていなかった。こうして日本海軍の空母機動艦隊は壊滅した。

この人のその後

このあと行われたレイテ沖海戦では残存空母を率いて出撃したが、攻撃能力はなく、米空母を引きつけるおとり役を演じさせられた。

太平洋の死闘
守備隊長・高品中将の死
1944年（昭和19）9月30日

高品 彪【たかしな たけし】

米軍上陸4日後には、早くも玉砕決意の苦戦難戦の連続

Profile

陸軍中将▼グアム島守備隊長で米軍上陸に反撃
・サイパンに続く水際作戦を実施。
・第31軍司令官とともに死闘に次ぐ死闘を指揮。
生没年　1891年（明治24）～1944年（昭和19）　53歳没
出身地　千葉県

高品彪

米軍はサイパンの完全占領の後、7月21日（1944年）早朝、100隻の上陸用舟艇がグアム島のアデラップ岬とアサン岬にはさまれた海岸に押し寄せた。日本軍は海岸近くまで十分に引き寄せてから、残り少なくなっていた大砲でいっせいに攻撃した。上陸させてはならない。水際で食い止めるのだという水際作戦を、サイパンの例にな

らって実行しようとしたのだ。

ところが上陸用舟艇は攻撃されるといっせいに反転、沖へ引き返した。数十分後、米軍の航空機が大量に飛来し、大砲陣地を中心に猛烈な爆撃を行い、それが終わると艦砲射撃の弾雨を浴びせた。米軍はサイパンで味わった苦戦の二の舞を避けようと罠をしかけたのである。

こうして上陸した米軍は5万5000人、対する守備隊の兵力は約1万3000人。この海軍警備隊も含む地上部隊を指揮したのが守備隊長・第29師団長の高品である。

同島にはサイパンに帰れなくなった第31軍司令官小畑英良中将がともに作戦を練りつつ指揮をとったが、圧倒的兵力の前に米軍上陸4日後の7月25日には玉砕を覚悟した。大本営がそれを押しとどめたので高品らは戦いを続行、小畑自決後も約2カ月あまり遊撃戦を展開した。

この人のその後

7月25日の大本営宛電報は「(この攻撃が)成らざれば麾下《きか》陸海将兵と共に茲《ここ》に玉砕するに決す」。高品の死亡は9月30日とされる。

孤島の玉砕戦
ペリリュー島
守備隊壊滅
1944年（昭和19）
11月24日

中川州男【なかがわ くにお】

水際作戦を放棄、洞窟陣地戦で徹底抗戦し、「お褒めの言葉」は11回

Profile

陸軍大佐▼ペリリュー地区隊長で米軍上陸に抵抗
・歩兵第2連隊長、1万人の将兵を指揮。
・押し寄せた米軍と73日間の激闘を演じて玉砕。

生没年 1898年（明治31）～1944年（昭和19） 46歳没
出身地 熊本県

中川州男

米軍はマリアナ諸島攻略を終えるとパラオ諸島のペリリュー島を襲った。中川は上陸地点の海岸でも戦うが、主として洞窟に拠《よ》ったゲリラ戦を展開した。サイパン以来の水際作戦が早くに兵力を消耗することを知ったからである。中川の総兵力は陸海合わせて約1万人だった。

最初の上陸部隊は水際で食い止めた。米軍は上陸用舟艇60隻以上、シャーマン戦車3両、水陸両用戦車26両を残して引き揚げたのだから、想像を絶する白兵戦《はくへいせん》だったことが想像される。

再度の上陸部隊に対しては、網の目のようにはりめぐらせた洞窟を利用して遊撃戦を展開。その戦いぶりは珍しくも連日のように日本の新聞で報道され、天皇の関心も高かった。その証拠に、合計11回の「お褒めの言葉」が、パラオ本島にある上級司令部第14師団司令部を通じて伝達された。

サンゴ礁の自然壕を巧みに使った抵抗戦もやがて力尽き、11月24日の「サクラサクラ」の暗号電報を打って自決することで終結した。

しかし生き残りの将兵はその後も延々と戦い続け、最後の部隊34人が投降したのは1947年（昭和22）4月22日だった。

この人のその後

「全員護国の鬼と化するも七度生まれて米奴を鏖殺《おうさつ》せん」。中川の訣別電報の一節である。没後、2階級特進で中将に昇進。

東條内閣打倒工作①
東條内閣総辞職
1944年（昭和19）7月18日

岡田啓介【おかだ　けいすけ】

重臣たちを結束させ、東條内閣を総辞職に追い込んだ重臣

Profile

海軍大将▼和平派の重臣、海軍長老
・サイパン戦後に東條内閣打倒を期して工作。
・すでに退役していたが、2・26事件時の首相であり、海軍長老、重臣のひとりだった。

生没年　1868年（明治元）～1952年（昭和27）　84歳没
出身地　福井県（福井市）

サイパン陥落後、東條英機《とうじょうひでき》首相への風当たりが強まった。東條は当時、首相のほかに開戦以来の陸軍大臣を兼ね、この年（1944年）2月からは参謀総長も兼任していた。前年に兼任した新設の軍需大臣を加えると4役である。統帥の実があがってサイパン戦に勝利したのならともかく、敗北を喫した。

このままでは日本は敗北への道をまっしぐらだ。そうなる前に和平を画すべきだ

岡田啓介

という声がその背景にあった。そんな東條打倒工作の先頭に立ったのが、岡田であった。

木戸内大臣を通じて「統帥の確立」「嶋田海軍大臣の更迭」「重臣を含む挙国一致内閣の確立」を求められた東條は嶋田更迭と参謀総長辞任を決し、挙国一致内閣を目指した。岡田は、重臣を1人入閣させる代わりに犠牲になる大臣（最有力候補として岸信介《きしのぶすけ》国務大臣）に辞任拒否を強力に働きかけて納得させ、さらに重臣たち（首相経験者など）を説得して入閣拒否を申し合わせた。実際に重臣の一人米内光政海軍大将への入閣要請がいろいろな筋から行われたが、米内は拒否した。

こうした包囲網に耐えきれず東條内閣はついに7月18日、総辞職したのである。

この人のその後

戦後は悠々自適の生活を送ったが、1950年には『岡田啓介回顧録』（毎日新聞社）を出版し、昭和史研究の重要参考文献のひとつとなった。

東條内閣打倒工作②
東條暗殺計画
1944年（昭和19）7月

高木惣吉【たかぎ　そうきち】

路傍で東條の車を待ち伏せ、機関銃で……のシナリオは無用となった

Profile

海軍少将▼東條暗殺の計画を練る
・海軍省官房調査課長、海軍大学校教官のかたわら和平の道を探る。
・東條暗殺こそ早道と計画したが……。

生没年　1893年（明治26）～1979年（昭和54）　85歳没
出身地　熊本県（人吉市）

高木惣吉

サイパン陥落後、東條を一挙に葬り、和平への道筋を模索しようという人々が暗躍した。高木が計画したのもそのひとつであった。

計画には神重徳《かみしげのり》大佐、小園安名《こぞのやすな》大佐など5～6人の海軍の中堅どころが参加した。あとになって、高松宮宣仁《たかまつのみやのぶひと》親王（海軍大佐）やその御用掛

りであった細川護貞《ほそかわもりさだ》（旧肥後熊本藩細川家の17代当主、第2次近衛《このえ》内閣の首相秘書官。妻は近衛文麿の娘）らも参加した。東條暗殺計画は、高木が単に血気にはやってのものというよりは、宮中の一部、政界上層部、さらには海軍内部の広い人脈を糾合してのものだった。もっとも、岡田啓介はこの計画を聞きつけて中止したほうがよいと忠告したという。

その計画は、東條がオープンカーで外出した時を狙い、数台の車で行く手を塞ぎ、機関銃を乱射するという、なかなか荒っぽいシナリオだった。

実行を7月中旬と定め準備に余念がなかったが、岡田らの内閣打倒工作が奏功して東條内閣は総辞職し、暗殺計画は無用となった。高木自身は、もし成功していれば陸海軍の対立が激化して、終戦も遅くなったかもしれないと読みの甘さを反省したそうだ。

この人のその後

1945年4月に成立した鈴木貫太郎内閣の海軍次官井上成美中将（のち大将）の依頼で、終戦に向けての秘密工作に従事した。

東條内閣打倒工作③
東條内閣総辞職
1944年（昭和19）7月18日

岸 信介【きし　のぶすけ】

岡田啓介海軍大将の「辞任拒否」要請を応諾、内閣を総辞職へ追いこむ

Profile

国務大臣／軍需次官▼東條内閣を見限った閣僚
・東條内閣の商工大臣として入閣。
・国務大臣辞任拒否で東條内閣総辞職への道筋をつけた。
生没年　1896年（明治29）～1987年（昭和62）　90歳没
出身地　山口県（山口市）

岸信介

岸は東條内閣が発足した当初から商工大臣だった。東條は、岸が満州国実業部次長として計画経済政策に辣腕をふるった実績に期待したのである。

ところが、1943年（昭和18）11月に商工省と企画院を廃止して軍需省をつくった時、東

條は軍需大臣となり、岸を国務大臣のまま軍需次官に据えた。担当省のある大臣と単なる国務大臣とでは天と地の差がある。

こうした東條一流の独裁的な政治が、澎湃《ほうはい》としてわき起こってきた東條内閣打倒運動に影響した。

岡田啓介が中心となった打倒運動は、まず挙党内閣の確立という改善策を宮中から出させ、重臣を入閣させる案に落ち着いたが、それには大臣枠の関係で現大臣が1人辞任しなければならない。岡田は岸が辞任しないことによってまず内堀を埋めようとし、娘婿の迫水久常《さこみずひさつね》を使者に立てて説得し、岸もそれを受け入れた。案の定、岸に辞めてほしいという東條が悪用した憲兵からの脅しもあったが、岸は拒否し続けたという。

一方で岡田は重臣の入閣拒否を申し合わせ、外堀を埋めた。こうして八方ふさがりのなかで東條内閣は総辞職せざるを得なくなったのだ。

この人のその後

戦後、A級戦犯に指名されたが釈放され、自民党の石橋湛山内閣で外相を務め、石橋退陣後は総裁を引き継ぎ首相となった。

東條内閣打倒工作④ 小磯内閣誕生

1944年（昭和19）7月22日

小磯國昭【こいそ　くにあき】

漠然と和平を目指したが、戦局はいよいよ苛烈となり、失意の中で総辞職

Profile

陸軍大将／東條内閣総辞職後の首相
・前職は朝鮮総督。
・和平を模索するも手段に乏しかった。

生没年　1880年（明治13）～1950年（昭和25）　70歳没
出身地　山形県（新庄市）

小磯國昭

　東條内閣総辞職後、大命は小磯國昭陸軍大将〈予備役、朝鮮総督〉に下った〈1944年〈昭和19〉7月22日〉。ところが、近衛文麿の進言もあって大命は米内光政海軍大将〈予備役〉にも下ったのである。だから小磯・米内内閣と呼ばれることもあるが、米内は海軍大臣となり副総理格となっ

った。この内閣は東條内閣倒閣運動の影響もあって、「戦争終結・和平」の含みをもってスタートした。

もちろん表向きにはできない問題で、また戦局も10月にはマッカーサー軍がフィリピン・レイテ島に上陸し、フィリピン奪還を開始した。海軍航空隊は特攻を開始、陸軍航空隊もこれに続いた。

小磯はどこかで勝利して和平提案のきっかけをつかもうとしたが、フィリピンに続く硫黄島《いおうとう》戦でも完敗、勝つどころではなかった。

小磯はソ連を通じて和平の道を探ったがソ連は応じようともせず、汪兆銘政権下の考試院副院長が重慶《じゅうけい》との太いパイプを持っているとの怪しげな情報をもとに、緒方竹虎《おがたたけとら》国務大臣（情報局総裁）らが東京に招いた繆斌《みょうひん》との和平工作も外務省・軍部の反対で頓挫した。米軍は日本本土空襲を強化、東京大空襲（1945年3月10日）から米軍の沖縄上陸と続き、失意のうちに総辞職した（4月5日）。

この人のその後

戦後はA級戦犯に指名され、東京裁判で終身刑を受けた。その後死刑宣告者以外は順次釈放されたが、それを待たずに巣鴨拘置所で死去した。

Part 3

敗北の最前線

開戦初期、日本軍が占領した欧米の植民地のうち、戦争末期にも戦場となったのはマッカーサー軍が上陸したフィリピンのほかにビルマ（現ミャンマー）があった。

ビルマは、日本軍占領後の1年半から2年近くはほぼ平穏だった。しかし、1943年（昭和18）秋からにわかに騒然となってきた。

最初はインドからビルマへ攻勢をかけてきた米中連合軍との戦いである。やがてアメリカ軍の指導を受けつつ、雲南《うんなん》省側からも中国軍が北ビルマに進撃した。こうして、北ビルマ、雲南の地が激しい戦場となった。

次のきっかけは日本軍によるインパール進攻作戦だった。インパールはインド北東部の都市で、険しい山脈と大河にへだてられているとはいえ、ビルマにもっとも近いイギリス軍基地だった。作戦開始が1944年（昭和19）3月だったが、何から何まで異例ずくめの作戦だった。戦後、ガダルカナル島の戦いとともに、もっとも愚劣で兵隊の命を粗末にした戦場の典型として今日でも語り継がれている。そして、インパールから敗走する日本軍を追うようにしてイギリス軍がビルマになだれこみ、首都ラングーン（現ヤンゴン）を奪還したのは翌1945年（昭和20）5月だった。

その頃マッカーサーはひたすらフィリピンを目指していた。日本軍はマッカーサー軍のフィリピン・レイテ島上陸に呼応して、それまでほとんど使い道がなかった戦艦「大和《やまと》」「武蔵《むさし》」など軍艦を総動員していくつもの無駄な海戦を挑み（航空部隊がなかったから、勝ち目はゼロだった）、残存の航空機に爆弾を積んだまま体当たり攻撃を行う、いわゆるカミカゼ特攻（神風特別攻撃隊）が始まった。

大挙してレイテ島、次いでルソン島に上陸したアメリカ軍を迎えて、日本軍は絶望的な戦いを続行した。フィリピンの戦場では開戦から終戦まで約50万の日本軍兵士が戦死したが、大部分はマッカーサー軍が「アイ・シャル・リターン（私は必ず戻ってくる）」の誓約どおりに逆上陸したあとの戦闘中に戦死したものだ。

戦艦「ミズーリ」に襲いかかった神風特攻機。

補給なき戦場①
インパール作戦
1944年（昭和19）3月8日～7月5日

牟田口廉也【むたぐち　れんや】

3万の将兵を死地に追いやった作戦能力に欠けた軍司令官

Profile

陸軍中将▼第15軍司令官としてインパール作戦を推進、指揮

・部下の猛反対を押し切ってインパール作戦を実施。

・作戦は予想どおりに大敗した。

生没年　1888年（明治21）～1966年（昭和41）　77歳没

出身地　佐賀県（佐賀市）

牟田口廉也

インパール作戦は1944年（昭和19）3月から7月にかけて行われた。ビルマ（現ミャンマー）からアラカン山脈を越えて、インド・マニプール州の英基地インパールを攻略しようとしたもので、最初からこの作戦を推進したのが牟田口だった。

しかし、幕僚も部下の３人の師団長も反対だった。理由は嶮岨《けんそ》なジェピー山系を越え、ビルマ第２の大河、チンドウィン河を渡り、数千メートル級のアラカン山脈を踏破しなければならない。補給が続かないのは火を見るより明らかであったからだ。

それでも牟田口は異様な執拗さで上級司令部のビルマ方面軍を説き伏せ、そのまた上の南方軍にも説得を続け、ついに大本営の裁可を得た。

３個師団は異常な努力の末、インパール近くまで進撃したが、雨期に入り、弾薬・食糧は途絶え、ついに作戦は中止となった。敗退する日本軍を英軍は追撃し、犠牲者がみるみる増えていった。日本軍の損害は参加３個師団の約半数（約２万５０００人）に達し、軍直轄部隊も含めると３万を超えた。作戦中、３人の師団長を更迭するという事態となった異様な作戦は惨敗に終わったのである。

この人のその後

作戦終了後予備役となったが、すぐ召集されて予科士官学校校長となった。戦後はシンガポールで軍事裁判を受け、１９４８年釈放された。

補給なき戦場②
インパール作戦
1944年(昭和19)3月8日～7月5日

河辺正三【かわべ　まさかず】

多くの反対意見に耳を貸さなかった軍司令官の能力

Profile

陸軍中将▼**インパール作戦時のビルマ方面軍司令官**
・牟田口第15軍司令官の計画を信頼。
・作戦中止を遅らせた判断ミスもあった。

生没年　1886年（明治19）～1965年（昭和40）　78歳没
出身地　富山県（砺波市）

河辺正三

河辺は、インパール作戦を構想し、推進した牟田口第15軍司令官を一貫して支持した。ビルマ方面軍司令部にも反対者は多かったが、「牟田口を信頼して任せよう」という姿勢をくずさなかった。

その河辺の姿勢が、やはり反対者が多かった南方軍にも影響した。南方軍は、人事をいじってまで賛成意見を通す形となった。

作戦開始前、河辺はインド独立運動の闘士チャンドラ・ボースと会見した。ボースは東條をはじめ多くの日本軍人を魅了したが、インド解放という非現実的な観念にとりつかれたとまではいわないが、そういう淡い夢を牟田口のインパール作戦に託そうとした雰囲気がある。この作戦にはボース率いるインド国民軍数千人も参戦したのである。

しかし、現実は非情であり無情であった。1944年（昭和19）6月、作戦がほとんど行き詰まった時、河辺は牟田口から戦況を聴取した。ほとんど好材料はなかったにもかかわらず河辺は作戦中止を命令しなかった。この時の心境を牟田口は戦後、「言葉ではなく、私の顔を見て真意を察してほしかった」と語ったが、双方、自分の口からはあえて作戦失敗の言質《げんち》を取られたくなかったのであろう。

この人のその後

インパール作戦の惨敗にもかかわらず翌年（1945年）3月には大将に進級した。戦後は巣鴨拘置所に1年近く拘留されたが、不起訴となった。

補給なき戦場③
インパール作戦
1944年（昭和19）
3月8日～7月5日

佐藤幸徳【さとう　こうとく】

「師団は今や…コヒマを撤退し、補給を受け得る地点まで移動せんとす」

Profile

陸軍中将▼インパール作戦時の第31師団長
・出撃時に悲壮な訓示。
・補給なしに怒り、作戦途中で独断撤退した「抗命将軍」。
生没年　1893年（明治26）～1959年（昭和34）　65歳没
出身地　山形県（庄内町）

佐藤幸徳

佐藤の師団は、インパール北方約100キロのコヒマを占領することになった。
出撃に当たり佐藤は主要な将校を集めて訓示した。その中に「奇跡が起こらないかぎり諸君の生命は、この作戦で捨ててもらうことになろう。敵弾にたおれるばかりではなく、大部分のものはアラカンの山中で、餓死することを覚悟してもらわなければならない」という悲壮極まる一節があった。最初から補給なしの作戦を危惧し、怒っていたのである。

さらに将兵は全て「自殺縄」を携帯するように命令された。餓死しそうになったら、縄の一端を小銃の引き金に結びつけて他の一端を軍靴にかけ、銃口を口に当てて足を突っ張って発射し、自決せよという。

師団は難行苦行のすえコヒマを占領した（1944年4月5日）が、本格的な反撃に耐えられなくなり、守備隊長は玉砕命令を出した。これを知った佐藤はコヒマ撤退を命じ、さらに全師団に撤退を命じた。佐藤が発した第15軍司令部宛の電報は「師団は今や糧絶え山砲及び歩兵重火器弾薬も悉く《ことごと》消耗するに至れるを以て遅くも6月1日までにはコヒマを撤退し補給を受け得る地点迄《まで》移動せんとす」であった。日本陸軍最初にして最後の師団長による抗命であった。

この人のその後

牟田口第15軍司令官から師団長を罷免されたが、「精神錯乱」とされて軍法会議にはかけられなかった。佐藤が法廷で作戦のずさんさを暴露するのを恐れたのである。

幻の大戦果 台湾沖航空戦

1944年（昭和19）10月12日〜16日

豊田副武【とよだ そえむ】

台湾沖航空戦の真実を隠して陸軍にレイテ決戦を実施させた司令長官

Profile

海軍大将▼台湾沖航空戦時の連合艦隊司令長官

・米空母艦隊全滅を発表した海軍。

・大戦果は真っ赤な嘘とわかったが、そのまま放置。

生没年 1885年（明治18）〜1957年（昭和32） 72歳没

出身地 大分県（杵築市）

豊田副武

豊田は、太平洋戦争で山本五十六、古賀峯一に次ぐ3人目の連合艦隊司令長官である（1944年5月就任）。その5カ月後に起こったのが台湾沖航空戦だった。

フィリピン上陸を目指した米軍は、日本航空隊の出撃を阻止するため、台湾と沖縄への猛烈な空爆を実施した。これに対して海軍航空隊（連合艦隊所属の第2航空艦隊が主力）は約1300機の航空機を動員し反撃、台湾沖で大航空戦を行った（10月12日〜16日）。これにより米空母艦隊は全滅した（空母11隻撃沈・8隻撃破）と報道されたため、国中が勝利にわきかえり、小磯《こいそ》首相は祝勝会で「勝利はわが頭上にあり」と絶叫した。

しかし、数日後、戦果を確認に出向いた艦隊は、米空母艦隊はまったくの無傷であることを報告した。大戦果はまったくの誤報だったのである。

しかし、豊田は大戦果が幻であったことを訂正しなかった。天皇にも陸軍にも国民にも誤ったままで押し通した。陸海軍が協同して戦争を遂行するという大前提を、無視したのである。大戦果を信じて強行された陸軍のレイテ島決戦は、無残にも大敗し、将兵約9万人が命を落とした。

この人のその後

敗戦時は軍令部総長。戦後はBC級戦犯として米軍法廷に立たされたが、4年近くの審理の末、無罪となった。

フィリピンの攻防①
米軍レイテ島上陸
1944年(昭和19)10月20日

ダグラス・マッカーサー
「アイ・シャル・リターン」の約束に賭けた執念の最高指揮官

Profile

アメリカ陸軍大将（フィリピン作戦中に元帥）▼フィリピン奪還作戦の最高指揮官
・大方の反対意見を抑えてフィリピン奪還へ。
・レイテ島上陸からルソン島上陸へ。
生没年　1880年〜1964年　84歳没
出身地　アメリカ・アーカンソー州（リトルロック）

米軍はフィリピン奪還を目指して、1944年（昭和19）10月20日、レイテ島に上陸した。最高指揮官は西南太平洋方面軍司令官ダグラス・マッカーサー陸軍大将である。

フィリピン奪還作戦には米国の陸海軍トップは反対だった。奪還しなくても日本を降伏させられると考え、戦略的に不要とした。

しかし、マッカーサーはフィリピン国民への約束にこだわり、奪還作戦を主張し

ダグラス・マッカーサー

た。フィリピン国民との約束とは、彼が開戦直後、任地のフィリピンから、戦闘半ばでオーストラリアへ脱出した年の約束のことである。

ダーウィンに到着したマッカーサーは、「私は大統領から、日本の戦線を突破してコレヒドール（マニラ湾口の岩の小島）からオーストラリアへ行けと命令された。その目的は、私の了解するところでは、日本に対するアメリカの攻勢を準備することで、その最大の目的はフィリピンの救援にある。私はやってきたが、また私は帰る（アイ・シャル・リターン）」と約束したのであった。「アイ・シャル・リターン」はフィリピンでゲリラ戦に移った米兵たちのあいだで流行語となったという。

レイテ島に上陸したマッカーサー軍はそこで反撃に出た日本軍を駆逐し、翌年1月ルソン島に上陸した。ルソン島守備の日本軍は、レイテ島の戦闘に多くの兵力を割かれたこともあり、最初から苦戦に陥った。

米軍は最初の上陸部隊だけでも約19万1000人。対する日本軍は約38万7000人と兵員数では圧倒していた。だが、たとえば戦車は全体で200両程度しかないという貧弱な装備でしかなかった。日本の陸海軍航空隊は壊滅していた。数少ない航空機が、米軍のリンガエン湾上陸時に全機特攻をかけて米軍の心胆を寒からしめたものの、戦局にはまったく影響なく、日本軍は追いつめられ、持久戦に移った。

ただマニラには、山下奉文《やましたともゆき》軍司令官の命令を拒否して、主として海軍部隊（第31特別根拠地隊）約2万人がたてこもり、マッカーサー軍は激しい砲撃のもと、これを奪還した（1945年2月26日）。マニラ市街地は米軍の砲撃で瓦礫《がれき》と化した。

部分的には、米軍の進撃は日本軍の勇戦敢闘で阻止される場面もあったが、大局に影響なく、日本軍は日本降伏までゲリラ戦を行った。マッカーサーは完全にフィリピン国民への約束を果たしたのだった。

この人のその後

日本降伏後、連合国軍最高司令官として東京に進駐。軍国主義一掃、民主主義の確立等々、日本の政治・社会改革を強力に推進した。

フィリピンの攻防②
米軍レイテ島上陸
1944年（昭和19）10月20日

寺内寿一【てらうち　ひさいち】

「元帥は命令する！」「神機到来、レイテ決戦を命ず」

Profile

元帥陸軍大将▼開戦以来の南方軍総司令官
・台湾沖航空戦の大戦果を最後まで信じ、レイテ決戦を強行。
・レイテ上陸米軍を敗残部隊と断定。
生没年　1879年（明治12）～1946年（昭和21）　66歳没
出身地　山口県（山口市）

寺内寿一

米軍がフィリピンのレイテ島に上陸したとき、南方軍総司令官・寺内元帥は、フィリピン防衛の第14方面軍司令官・山下奉文《やましたともゆき》大将にレイテ決戦を命じた。なぜなら、レイテ上陸部隊は、米空母艦隊が全滅したので、敗残兵の部隊であると思ったのである。なぜ、米空母艦隊が全滅したといえるのか？　それは海軍が台湾沖航空戦の大戦果として公表したからであった。寺内はそれを「敵騎《てきき》撃滅の神機到来せり」ととらえた。海軍は、大戦果はまったくの誤りであるとすぐに断定したが、陸軍には知らせなかった。知らされなくとも、山下はそれが真っ赤な嘘であると見抜き、寺内の命令を拒んだが、最後は寺内が「元帥は命令する！」と強く出たので、従わないわけにはいかなかった。

山下はルソン防衛の兵力をレイテ島に移動させ、圧倒的兵力の精鋭米軍に決戦を挑んだが、まったく歯が立たなかった。

レイテ決戦は12月20日、山下が「決戦を中止し、永久抗戦せよ」と命令するまで続いた。部隊の収容はできず、置き去りにされた日本軍は日本降伏までゲリラ戦を続けた。その戦死者は約8万人、レイテ島への移送中に戦没した者も含めると9万に達すると推定されている。

この人のその後

日本降伏によってシンガポールで降伏文書に調印後、拘留されたが、病気となり、レンガムで死去した。

レイテの死闘
レイテ沖海戦
1944年（昭和19）
10月23日〜26日

栗田健男【くりた　たけお】

レイテ湾突入寸前に「謎の反転」、連合艦隊最後の決戦を放棄した長官

Profile

海軍中将▼レイテ沖海戦を戦った第2艦隊司令長官
・「大和」「武蔵」を率いてレイテ湾を目指す。
・レイテ湾目前で反転命令。
生没年　1889年（明治22）〜1977年（昭和52）　88歳没
出身地　茨城県（水戸市）

栗田健男

日本海軍はマリアナ沖海戦で空母機動艦隊を失い、米海軍に立ち向かうまともな方法をなくした。

しかしながら空母群は失っても戦艦と重巡洋艦はほとんどが残っていた。戦艦が9隻（開戦時10隻、間もなく「大和《やまと》」「武蔵《むさし》」が完成して12隻）、重

巡洋艦が13隻（開戦時18隻）である。このうち、重巡洋艦「青葉」を除く全艦を集結して戦ったのがレイテ沖海戦だった。目的はただひとつ、米艦船群が集まっているレイテ湾に殴り込みをかけ、刺し違えようとしたのである。

4隊に分かれて出撃したが、栗田は「大和」「武蔵」を含む主力艦隊を率いてボルネオ島ブルネイを出撃（1944年10月23日）。途中、シブヤン海で米空母機により「武蔵」を失い、サマール沖の海戦でも重巡洋艦4隻を失うなどの損害を出しながら、ひたすらレイテ湾を目指した。

ところが10月25日、レイテ湾まで80キロという地点で、栗田は突然「艦隊面舵《おもかじ》一杯北進（突入中止、反転して北へ向かうという意味）」を命じた。幕僚たちは猛反対したが栗田の意思は固く、命令は撤回されなかった。謎の反転といわれる。北方に米空母群がいるとの情報に拠ったといわれるが、真相は不明である。

この人のその後

その後栗田には出番はなく、司令長官を解任された。最後のポストは海軍兵学校校長であった。

神風特別攻撃隊特攻攻撃の始まり
1944年（昭和19）10月25日

大西瀧治郎【おおにし　たきじろう】

あえて「統率の外道」を選んだ大西の真意はどこにあったのか？

Profile

海軍中将▼特攻を開始した第1航空艦隊司令長官
・フィリピンで始められた航空特攻。
・神風特別攻撃隊と命名され、米空母体当たりを目指した。

生没年　1891年（明治24）～1945年（昭和20）　54歳没
出身地　兵庫県（丹波市）

大西瀧治郎

米軍がレイテ島に上陸した頃、フィリピンの航空兵力は底をついていた。まともな航空作戦ができないと考えた大西は、零戦に爆弾をくりつけて、空母など米艦船に体当たりする神風《しんぷう》特別攻撃隊を編成、出撃させた（1944年10月21日）。これが特攻出撃の最初といわれる。

最初の神風特攻隊は敷島隊・大和隊・朝日隊・山桜隊の4隊。総指揮官は関行男《せきゆきお》大尉だが、関自身は敷島隊の指揮官として出撃し、護衛空母に体当たりを敢行した(10月25日)。

この「成功」が注目を浴び、以後陸軍航空隊も特攻を開始した。

この尋常ならざる攻撃法について、大西自身は「統率の外道」と自嘲したが、本音は、「仁慈を以て統治され給《たま》う天皇陛下は、この事を聞かれたならば、必ず戦争を止めろ、と仰せられるであろう」という点にあったという(角田和男『修羅の翼 零戦特攻隊員の真情』)。しかし、天皇は報告を受けて、「まことに遺憾であるが、しかしながらよくやった」(米内光政海軍大臣に対して)と述べただけだった。以後、特攻はフィリピン戦線のあと、沖縄戦線でも大規模かつ長期に実施されたのである。

この人のその後

フィリピン特攻指揮のあと、軍令部次長(1945年5月)となり敗戦を迎えたが、玉音放送当日の深夜、特攻隊員の勇戦に謝しつつ割腹自決した。

フィリピン防衛戦
米軍レイテ上陸
1944年(昭和19)10月20日

武藤 章【むとう あきら】

ルソン島防衛戦で最後まで抵抗した対米英戦推進の武闘派

Profile

陸軍中将▼米軍レイテ島上陸時の第14方面軍参謀長
・米軍レイテ島上陸の報に「レイテはどこだ？」。
・本命ルソン島決戦にも策なく、後退一方の日本軍。
生没年　1892年（明治25）～1948年（昭和23）　56歳没
出身地　熊本県（菊陽町）

武藤章

武藤がフィリピン防衛の第14方面軍参謀長となったのは1944年（昭和19）10月5日である。前ポストは近衛第2師団長で、スマトラ島にいた。

マニラに赴任していくばくもなく米軍はレイテ島に上陸した（10月20日）。フィリピンの地理に疎かった武藤は思わず部下に「レイテはどこだ?」と尋ねた。

レイテ決戦に日本軍は敗れ、翌年1月、ルソン島では米軍上陸を迎えた。「占領地フィリピン防衛」の正念場である。

武藤参謀長はルソン島の日本軍を尚武《しょうぶ》集団（約15万2000人、北部を拠点）、振武《しんぶ》集団（約10万5000人、中部を担当）、建武《けんぶ》集団（約3万人、クラーク航空基地西方を拠点）に分け、各集団の健闘を期待した。武藤は山下《やました》軍司令官に従い、尚武集団とともに戦った。

尚武集団はサラクサク峠やバレテ峠などで死闘を演じたが、ここが破られるとバギオ山中の複郭陣地に移った。勝利の望みはなく、できるだけ長く抗戦し、米軍の日本本土進撃を1日でも遅らせる持久戦法である。武藤らは見事降伏まで戦い、投降した。ルソンの戦いで日本軍は21万8000人の戦死者を出した。

この人のその後

東京裁判で死刑判決、執行された。参謀本部作戦課長、陸軍省軍務局長として日中戦争を推進し、対米英戦争開戦に果たした責任を問われたのである。

Part 4

絶望の抵抗戦

フィリピンの戦いにあらかた目処がついた頃、アメリカ軍は硫黄島に上陸した。すでにマリアナ発のＢ29による東京空襲が始まっていたが、マリアナ～東京の中間点にある硫黄島は、そのＢ29に戦闘機の護衛をつけるための基地だった。刻々報道される硫黄島の戦況にアメリカ国民が悲鳴をあげるほど、日本軍守備隊は善戦敢闘したが、１９４５年（昭和20）３月17日、ついに玉砕した。

戦いの途中の３月10日、東京大空襲があった。それを皮切りに名古屋、大阪、神戸など日本の主要都市が軒並み焼け野原となっていった。

硫黄島を片づけたアメリカ軍は、日本本土上陸作戦の根拠地として沖縄に上陸した。沖縄の戦いは４月１日から６月末まで長期にわたり、南九州の各地から毎日のように特攻隊が出撃した。戦艦「大和」が海上特攻に出撃して南九州沖で沈められたのは、この沖縄戦初期の頃だった（４月７

日）。

沖縄戦が始まった頃から終戦のための和平工作が本格化した。日本政府はソ連を仲介役とする和平工作を進めたが、政府の正式ルート以外にもいくつかの和平工作が水面下で進行していた。

ひとつは、中立国スイスでアレン・W・ダレスと海軍武官藤村義一《ふじむらよしかず》中佐が交渉した「ダレス工作」である。ダレスは大統領直属の戦略情報機関OSSの総局長である。しかし、この工作に対して海軍は「交渉をやめろ」という返事をした。こんな大問題を中佐ぐらいに言ってくるのはおかしいというわけで、真剣に取り上げる者はなかったという。

他にも朝日新聞専務の鈴木文史朗《すずきぶんしろう》が、駐日スウェーデン公使のウィダー・バッゲにイギリスを仲介とした和平工作を依頼するというものもあった。これは日本政府がソ連を介して和平交渉を進めることを正式に決定したことと、また和平工作がストックホルムの新聞にリークされたこともあり、実現しなかった。

硫黄島で指揮を執る栗林中将（左から２人目）。

硫黄島の死闘
硫黄島守備隊玉砕
1945年（昭和20）3月17日

栗林忠道【くりばやし　ただみち】
「爆弾を抱きて敵の戦車にぶつかり之を粉砕せん」

Profile

陸軍中将▼硫黄島防衛の小笠原兵団長（**第109師団長**）
・徹底した玉砕戦法。
・水際作戦を避け、地下トンネルを建設、ゲリラ戦法に徹す。
生没年　1891年（明治24）～1945年（昭和20）　53歳没
出身地　長野県（長野市）

栗林忠道

米軍は1945年（昭和20）2月19日、硫黄島に上陸した。迎え撃ったのは栗林を最高指揮官とする約2万2000人（うち海軍が6000人、徴用された朝鮮人約1600人）である。

栗林は水際作戦を放棄し、地下にトンネルを縦横に掘り（総延長18キロ、計画では28キロ）、部隊をそこに潜ませて、米軍が近づいたらゲリラ的に飛び出して戦うことを基本とした。南端に島最高峰の摺鉢山《すりばちやま》（標高169メートル）があり、砲兵部隊が配置されたが、そこにも8キロのトンネルを掘らせたのである。

栗林は将兵に徹底した玉砕戦法を訓練した。米軍上陸に備えて唱和させた「敢闘の誓い」（5カ条）は、

1　我らは爆弾を抱きて敵の戦車にぶつかり之を粉砕せん
2　挺身敵中に斬り込み敵を鏖殺《おうさつ》せん（鏖殺は皆殺しにすることである）
3　一発必中の射撃に依って敵を撃ち斃《たお》さん
4　各自敵十人を殪《たお》さざれば死すとも死せず
5　最後の一人となるもゲリラに依って敵を悩まさん

という凄惨なものである。

とはいえ、栗林が格別に変わったことを強要したわけではない。玉砕戦場では大同小異、将兵はこのような敢闘精神を求められ、実際に実行させられたのである。じつに憐れなまでの勇敢さを求められ、硫黄島も例外ではなかったのだった。

将兵は栗林の指導どおりに奮戦した。しかし、補給も援軍もない孤立無援の戦い

は、３月17日の栗林の訣別電報で組織的抵抗に幕を下ろした。この間、各戦場では小部隊による玉砕突撃が繰り返されていた。

すでに栗林の司令部洞窟も、その入り口から火炎放射器による攻撃が始まっていた。その攻撃が突然途切れ、流暢な日本語で投降勧告が行われた。それは「栗林閣下、戦争はもう終わりました。兵隊がかわいそうです。出てきてください。兵隊を無理に殺さないでください」と呼びかけていた。じつは同じ洞窟の奥では若い軍医が、玉砕突撃に参加できない兵隊に次々と注射を打ち、強制的に「玉砕」させていたのである。

これだけ囲まれていては出撃もままならない。実際の玉砕突撃は25日という。生き残りは日本降伏まで戦い続け、生還者は約１０００人だった。

この人のその後

訣別電報発信の当日に大将に進級。３月17日に玉砕したとの前提での素早い措置だが、実際には「没後進級」ではないとの見方もできる。

幻の終戦工作
重光・バッゲ会談
1945年（昭和20）3月31日

重光 葵【しげみつ まもる】

「今こそ日本の外交官が国家を戦争から救い出すべきである」

Profile

外交官／小磯内閣の外相
・小磯内閣の外務大臣として和平工作に意欲。
・繆斌和平工作には反対。
・バッゲ駐日スウェーデン公使との和平工作に意欲を示す。

生没年　1887年（明治20）～1957年（昭和32）　69歳没
出身地　大分県（豊後大野市）

重光葵

1945年（昭和20）3月31日、小磯内閣の外相・重光葵は駐日スウェーデン公使ウィダー・バッゲと会談した。スウェーデン政府から英国に和平を働きかけてもよいというバッゲ公使の意向が、朝日新聞社専務・鈴木文史朗を通じて打診されたからである。

この話に重光は即座に興味を示し、会談の運びとなった。バッゲの東京裁判における供述書によると、「重光氏は軍閥を難じ、今こそ外交官が国家を戦争から救い出そうと試みるべきであると語った」。

もともと重光は日独伊三国同盟（１９４０年9月調印）にも反対の立場だったが、この同盟で日本が引き返し不能の地点に立たされたことを遺憾と感じていた外交官のひとりだった。「今こそ外交官が」という思いはひとしお強かったものと思われる。

バッゲは重光の真意を了解した。重光としては並行して小磯首相がリードしていた繆斌《みょうひん》を通じる和平工作には反対だっただけに、バッゲに早々に帰国して政府の了解を得ることを切望した。バッゲも4月13日に離日したが、そのときはすでに鈴木《すずき》貫太郎《かんたろう》内閣に替わっており、外相は東郷茂徳だった。東郷は前内閣の和平工作を引き継ぐことなく、重光の努力は水泡に帰した。

この人のその後

ミズーリ号上での降伏文書調印式では政府代表として署名。その後、東京裁判で禁錮7年、釈放後は鳩山一郎内閣の副総理・外相となり、日本代表として初めて国連総会で演説。

スイスでの和平工作「ダレス機関」工作終了

1945年（昭和20）6月20日

アレン・ダレス

米国は公式には日本の無条件降伏を要求していたが、和平交渉を拒否しなかった

Profile

アメリカ戦略事務局（OSS）ベルン支局長

・国務省の承諾のもと、対日和平交渉を目指す。
・サインできる人物をスイスへ呼び寄せたらどうかと提案。
・天皇陛下の地位は現状のままでよいと判断。

生没年　1893年～1969年　75歳没
出身地　アメリカ・ニューヨーク州（ウォータータウン）

アレン・ダレス

海軍中佐藤村義一《ふじむらよしかず》がスイスのベルンで、アメリカ戦略事務局のベルン支局長に接触して、日本宛に最初の電報を打ったのは1945年（昭和20）5月8日だった。米軍が沖縄に上陸して1カ月余りが経《た》っていた。その電報は、アメリカは和平交渉に応じてもよいと言

っているという内容のものである。

ダレスは藤村が接触を始めたとき、それが和平工作であることを知り、国務省に照会した。国務省は「日米直接和平の交渉をダレス氏の線で始めても差し支えない」と回答した。ダレスは自信をもって藤村との会見に応じた。

藤村が、「天皇陛下の地位は現状のまま」「艦隊は無理としても商船隊は残すこと」「台湾と朝鮮は引き続き日本領のまま」という和平条件を出すと、ダレスは「朝鮮は米英だけではどうにもならない」と拒否したが、あとはすべて「オーケー」と返事したという。ダレスは日本降伏後の見取り図をかなりのところまで知らされていたのである。

ダレスは、条約にサインできる大臣級か大将級の人物をスイスに呼び寄せられないか、日本からスイスまでの空輸は絶対確保する、とまで提案したが、ついに日本政府を動かすまでには至らなかった。

この人のその後

アイゼンハワー政権下でCIA（OSSが発展したもの）長官、ケネディ暗殺後のウォーレン委員会委員、ニクソン政権下の国家安全保障会議メンバー等を歴任。

沖縄の戦い①
米軍沖縄上陸
1945年(昭和20)4月1日

牛島 満【うしじま　みつる】

沖縄の戦いは米軍の本土上陸を遅らせるための捨て石作戦

Profile

陸軍中将▼沖縄戦を指揮した第32軍司令官
・4月1日から6月23日までの持久戦。
・水際作戦を放棄、あえて上陸を許す。
・首里を撤退、摩文仁に後退して抗戦継続。

生没年　1887年(明治20)～1945年(昭和20)　57歳没
出身地　鹿児島県(鹿児島市)

牛島満

1945年(昭和20)4月1日、米軍は沖縄本島の読谷《よみたん》海岸に上陸した。迎え撃つのは第32軍司令官・牛島満中将の兵力約9万6400人(うち海軍約1万人)。このほか指揮下には県民を召集した防衛隊(約2万5000人)、中等学校男子生徒を徴用した鉄血勤《てっけつきん》皇隊《のうたい》（1761人）、同じく女子生徒を徴用した救護看護衛生班員（543人、ひめゆり部隊等）があり、軍民総出の態勢であった。

本島上陸に先立ち米軍は防備が手薄な慶良間《けらま》列島に上陸、捕虜になるのを拒否する住民たちの玉砕（いわゆる集団自決）という痛ましい犠牲を生んでいた。

牛島の戦術は徹底した持久戦である。だから海岸ではいっさい反撃しなかった。司令部を首里《しゅり》に置き、読谷から首里まで幾重にも防御線を張り、ゲリラ的に出没しては戦った。それでもじりじりと突破され、5月22日には首里を放棄、南部の摩文《まぶ》仁《に》に司令部を移し、そこで約1カ月戦った。本土決戦を1日でも遅らせるために、牛島は米軍を沖縄に釘付けにするという任務を帯びていたのである。

牛島は6月23日に自決し組織的抵抗は終わったが、残存部隊は日本降伏まで戦った。第32軍の戦死者は6万5000人以上、沖縄県民の戦没者は約15万人（本島約14万人）である。

この人のその後

牛島が割腹自決した6月23日は、沖縄では「慰霊の日」とされている。摩文仁の丘には日本・米国・韓国朝鮮人の犠牲者名が刻まれた「平和の礎《いしじ》」が並ぶ。没後、大将に進級。

沖縄の戦い②
大田少将自決
1945年（昭和20）6月13日

大田 実【おおた みのる】

「沖縄県民斯く戦えり」と訣別電報を送り自決した司令官

Profile

海軍少将
・沖縄方面根拠地隊司令官として沖縄戦を戦う。
・海軍約1万人を指揮。
・司令部正面の海岸に米軍上陸を迎え、自決。

生没年　1891年（明治24）〜1945年（昭和20）　54歳没
出身地　千葉県（長柄町）

大田実

沖縄戦を戦った海軍部隊は沖縄方面根拠地隊で、大田が司令官だった。根拠地隊は艦船を持たない、地上戦専門の陸戦隊である。

大田は軍司令部を小禄《おろく》飛行場（現・那覇空港）が見下ろせる豊見城《とみぐすく》村に置き、部隊は小禄を中心に配置された。しかし、水際作戦を避けるためトンネルを掘り、いざとなったらそこに潜み、ゲリラ的に戦う予定だった。

実際には米軍は読谷《よみたん》海岸に上陸、大田らには戦闘の機会は訪れなかった。

第32軍が首里を放棄し、大田にも撤退命令が出たが、大田は「6月2日以降に撤退」という命令を読み違え早期に撤退開始。気づいて元の位置に戻り、以後、撤退を拒否して前の司令部に腰を据えた。

こうした混乱時に小禄海岸に米第6海兵師団が上陸してきた。すでに戦うべき武器もなかった部隊は、米軍の敵ではなかった。1945年6月13日、大田は司令部壕内で自決した。

自決に先立ち大田は海軍次官（多田武雄《ただたけお》）宛に、沖縄県民の献身的な協力を細々《こまごま》と活写して伝え、「沖縄県民斯く戦えり。県民に対し後世特別の御高配を賜らんことを」と結んだ。

この人のその後

大田が自決した海軍壕は公園として保存されており、訪れる観光客も多い。司令部室も復元され、往時を偲ぶことができるようになっている。没後、中将に進級。

沖縄の戦い③
日本軍の組織的抵抗終了
１９４５年（昭和20）６月23日

島田 叡【しまだ　あきら】

「お前が命がけで汲んできた水で顔が洗えるかい」

Profile

沖縄県知事
・沖縄県民と苦楽を共にし沖縄戦を戦った。
・最後の官選沖縄県知事。
・日本刀と青酸カリを胸に沖縄に赴任。

生没年　１９０１年（明治34）～１９４５年（昭和20）　43歳没
出身地　兵庫県（神戸市）

島田叡

１９４５年（昭和20）１月末、島田は沖縄県知事として赴任した。前任者が軍と折り合いが悪く、那覇空襲（１９４４年10月10日）の際にも防空壕に隠れっぱなしで、いよいよ米軍上陸が現実味を帯びるようになって、沖縄を逃げ出したからである。

島田は大阪府の内務部長だったが、内務大臣の打診に敢然として引き受けた。日本刀と青酸カリ、さらに『葉隠《はがくれ》』『南洲翁遺訓《なんしゅうおういくん》』を胸に、死を決しての赴任である。

島田は第32軍が要求する県民の本島北部疎開を進める一方、台湾から蓬萊米《ほうらい》（台湾米）3000石を買い付けるなど食糧確保に奔走した。米軍が上陸すると県庁は首里洞窟内に移ったが、女子職員が「どうぞ洗顔を」とすすめても、「お前が命がけで汲んできた水で顔が洗えるかい」と、他の職員と同様、米のとぎ汁にタオルを浸し顔を拭った。

軍司令部の摩文仁《まぶに》撤退にも南部住民を巻き添えにするなと反対したが、1日でも長く戦うためとの説明にやむなく同意。警察組織を解散し、「どうか命を永らえてほしい」と、当時としては異例の訓示を行った。

島田の予想どおり、南部住民は激しい戦禍にさらされ、夥《おびただ》しい犠牲者を生んだ。島田の最期は諸説あり、はっきりしない。

この人のその後

1951年、県民の寄付により島田と戦没した県職員を慰霊する「島守の塔」が摩文仁に建立された。

沖縄海上特攻
戦艦「大和」の最後
1945年（昭和20）4月7日

伊藤整一【いとう　せいいち】

「諸君、我々は死に場所を与えられたのだ」

Profile

海軍中将
・第2艦隊司令長官で沖縄海上特攻を指揮。
・戦艦「大和」を率いて沖縄を目指した。
・坊ノ岬沖で米空母機群に攻撃され、艦と運命を共にす。

生没年　1890年（明治23）～1945年（昭和20）　54歳没
出身地　福岡県（みやま市）

伊藤整一

米軍が沖縄に上陸すると、戦艦「大和《やまと》」を中心とする艦隊を派遣することになった。米艦船群に突っ込み、撃って撃って撃ちまくり、刺し違えるための海上特攻である。
「大和」に乗っていた伊藤は、連合艦隊司令部のそんな作戦になかなか応じなかった。困り果てた参謀が、「どうか一億総特攻のさきがけになってもらいたい」と懇願すると、「それならわかった」と了承した。

艦長や主要な参謀を集めた「説明会」（特攻は命令ではなく志願が建前だった）でも、来るべき本土決戦で来襲する米艦隊を叩くほうに使うべきだと反対する者が多かった。

しかし伊藤が「諸君、我々は死に場所を与えられたのだ」と一言述べると、みんな納得したのだった。

軽巡洋艦「矢矧《やはぎ》」、駆逐艦8隻を伴った「大和」隊は、1945年（昭和20）4月6日午後3時過ぎに徳山沖を出撃した。翌日午後、鹿児島県坊ノ岬沖で米空母艦載機（3波345機）の攻撃を受け、「大和」は沈没した（7日午後2時20分）。魚雷10本、爆弾5発が命中したなど諸説がある。「矢矧」と駆逐艦4隻も沈没、戦死者は「大和」だけで約3000人、他の戦死者は981人。伊藤は艦と運命を共にした。

この人のその後

伊藤の戦死が遺族に伝えられたのは4月28日。その日は奇《く》しくも子息・伊藤叡《あきら》海軍中尉が沖縄・伊江島上空で米機と交戦、戦死した当日だったという。没後、大将に進級。

Part 5

無条件降伏

1945年（昭和20）4月7日、鈴木貫太郎内閣が成立した。鈴木内閣が成立したのは、米軍が沖縄に上陸して1週間目、救援のため沖縄に向かっていた戦艦「大和」が米軍航空部隊によって撃沈された日である。

やがてルーズベルト米大統領が死去し、副大統領トルーマンが就任した（4月12日）。そしてヒトラーが自殺してドイツが無条件降伏した（5月7日）。ドイツが勝つという前提で踏み切った対米英戦だったが、ドイツは勝てなかった。もう日本が勝つ見込みは100パーセントない。ドイツ降伏の翌日、トルーマン大統領が日本に対して、無条件降伏を勧告したのは自然の流れだった。もちろん、日本政府は問題にしなかった。あくまでも戦い抜くと声明した（5月9日）。

6月8日、天皇臨席の御前会議は本土決戦の方針を決定した。沖縄の戦いも敗北でほぼ終わり、南九州の各航空基地から出撃していた特攻もしだいに終息に向かっていた。

主要都市への無差別空襲もほぼ終わり、焼夷弾《しょういだん》による焦土作戦は次第に中小都市へと移っていた。トルーマン大統領とスチムソン陸軍長官は、間もなく完成するはずの原子爆弾のために、焼け野原にならない都市を残しておかないと、せっかくの原爆を投下する都市がなくなってしまうと、苦笑いしながら連日の空襲を続けていた。米軍としても、これ以上日本を攻撃するとしたら、空襲の強化と上陸作戦しかない。米軍は10月1日に南九州へ上陸を始めることを決めており、準備に余念がなかった。

日本は最後には、日本本土に上陸する米軍を迎え撃って、一億玉砕の覚悟を決めていた。戦争を指導する大本営は、天皇・皇后ともども、長野県《ながのけん》埴科郡松代《はにしなぐんまつしろ》（現・長野市）に作った地下要塞、いわゆる松代大本営に移り、徹底抗戦する覚悟だった。

この幻の戦場・本土決戦は、8月9日、長崎に2発目の原子爆弾が投下され、ソ連が日本に宣戦布告して満州国《まんしゅうこく》に侵攻したその日、辛くも回避された。日本の降伏を勧告したポツダム宣言を、天皇が受諾する決定を下したのが8月9日だったからだ。

1945年8月9日、2発目の原爆が長崎に投下された。

終戦への道①
ポツダム宣言
1945年(昭和20)7月26日

鈴木貫太郎【すずき かんたろう】

ポツダム宣言の「黙殺」が招いた混乱と悲劇

Profile

海軍大将／第42代内閣総理大臣
・昭和天皇に総理就任を懇願され、老体をおして総理の座に就く。
生没年　1868年（慶応3）～1948年（昭和23）　80歳没
出身地　大阪府（堺市）

鈴木貫太郎

1945年（昭和20）7月26日、ベルリン郊外のポツダムで米・英・中三国宣言（後にソ連が加わる）が発表される。本宣言は、日本への無条件降伏を求めたものとして有名だ。翌日、対応を協議するため最高戦争指導会議が開催された。当時、日本はソ連の仲介で米英との和平交渉を進めようと画策していた。結果、「ソ連の返事を待ってから態度を決する」ことになった。

記者会見において、「ポツダム宣言に対する所信」を新聞記者から質問された鈴木首相は次のように語った。「私は、あの共同声明はカイロ宣言の焼き直しであると考えている。政府としては何ら重大な価値あるものとは考えていない。ただ黙殺するだけである。我々は戦争完遂にあくまで邁進するのみである」と。

各紙は鈴木の発言を「笑止、対日降伏条件」「戦争完遂に邁進」「政府は黙殺」と大きく取り上げた。黙殺発言は、海外にも伝えられ、外国の新聞は「日本はポツダム宣言を拒絶した」とクローズアップする。鈴木首相の失言は、早期講和への道をさらに遠のかせ、最後には原爆投下というあまりにも大きな報復を受けることになる。鈴木が軍部の圧力を恐れず、死を覚悟して「即時受諾」を表明していれば、原爆投下はなかったかもしれない。

この人のその後

1945年12月、枢密院議長となる。翌年、公職追放の対象となったため辞職。死去から12年後の1960年、終戦時の功績から従一位を贈位される。

終戦への道②
ソ連への和平仲介要請
1945年（昭和20）5月～

東郷茂徳【とうごう　しげのり】

ソ連に和平仲介の期待をかけ続けたベテラン外交官の誤算

Profile

外交官▼開戦および終戦時の外務大臣
・日本の敗戦は時間の問題と認識し、戦争の早期終結を鈴木首相に訴える。
生没年　1882年（明治15）～1950年（昭和25）　67歳没
出身地　鹿児島県（日置市）

東郷茂徳

1945年（昭和20）5月11日、宮中において最高戦争指導会議が開催される。出席者は、鈴木首相・東郷外相・阿南《あなみ》陸相・米内《よない》海相・梅津参謀総長・及川軍令部総長の6人。本会議では対ソ連外交が議題にのぼり、以下のことが決定された。①ソ連の参戦防止、②ソ連の中立の獲得。「ソ連を連合国との和平の仲介役とする」案も出されたが、「和平交渉は時期尚早」（阿南陸相）との強硬意見が出されたため、正式な決定には至らなかった。早期講和を望む東郷外相にとって、この議決は大いに不満だった。

東郷は、議決を実行に移すため、駐日ソ連大使・マリクとの接触を案出する。マリクは、駐日公使として1939年（昭和14）に来日。1942年（昭和17）から大使を務める39歳の若手外交官であった。

マリクとの交渉役に東郷が選んだのは、元首相・広田弘毅《ひろたこうき》。駐ソ連邦全権大使を務めたこともあり、ソビエト通として知られていた。東郷は広田に対し「ソ連をどのように利用できるか探れ」「ソ連に和平の仲介を依頼する案もある」ことを伝え、「当面はソ連の中立を得る」ことが交渉の目的と話したという。ここにソ連との交渉が開始される。しかし、東郷のソ連への期待は、のちに見事に裏切られることになる。

この人のその後

開戦時の外相だったため、戦後、戦争責任を問われ、東京裁判で禁錮20年の判決を受ける。巣鴨拘置所で服役中に病没。

終戦への道③
広田・マリク会談
1945年（昭和20）6月3日～29日

広田弘毅【ひろた　こうき】
マリク駐日大使と日ソ和平会談を続けた老外交官

Profile

第32代内閣総理大臣／貴族院議員
・早くから戦争の無謀なることを認識し、和平に向けて動く。
生没年　1878年（明治11）～1948年（昭和23）　70歳没
出身地　福岡県（福岡市）

広田弘毅

広田・マリク会談（1945年6月3日・4日）は、箱根《はこね》の強羅《ごうら》ホテルで行われた。広田は「4月、ソ連は日ソ中立条約の不延長を通告してきた。しかし、日本はソ連との平和友好関係を維持・強化したい。そのためにソ連側にはどのような方策があるだろうか？」と繰り返し表明した。しかしマリクは「日本側こそどのような方法があるのか？」と言葉を濁すのみで、具体的な議論には至らなかった。会談後、広田はさらなる意見交換を希望するが、マリクからは何の音沙汰もなかった。

6月24日、中断していた会談が再開される。だが、ここでも両者は腹の探り合いに終始する。互いに相手の意見を引き出そうと暗闘を繰り広げたのだ。

29日、広田は東京のソビエト大使館にマリクを訪ね4度目の会談を行う。日本側は具体的提案を用意してきていた。①満州国の中立化、②ソ連から石油供与があれば、ソ連水域での漁業権放棄、③ソ連が希望する案件に議論の用意がある。

広田は日本側の提案を緊張した面持ちで読み上げると「早速、モスクワに伝えてほしい」と述べた。一方、マリクは「考慮する」とだけ述べ、次回会談の約束まで渋る有様であった。広田の熱意とは裏腹に交渉は一向に進捗《しんちょく》しなかった。

この人のその後

終戦後、戦犯として連合国軍に逮捕される。東京裁判では、文官で唯一の死刑判決を受け、巣鴨拘置所で絞首刑に処せられる。

終戦への道④
ポツダム会談
1945年（昭和20）
7月17日～8月2日

ハリー・S・トルーマン
日本への原爆投下命令とポツダム宣言を出した米大統領

Profile

第33代アメリカ合衆国大統領
・1945年4月、ルーズベルトの死去により副大統領から大統領に就任する。
生没年　1884年～1972年　88歳没
出身地　アメリカ・ミズーリ州（ラマー）

ハリー・S・トルーマン

1945年（昭和20）7月17日、ベルリン郊外のポツダムで、米国・英国・ソ連の3首脳（トルーマン・チャーチル・スターリン）が集結して会談がもたれた（8月2日まで）。抗戦を続ける日本への対応と戦後処理について議論するためである。

ポツダム滞在中のトルーマン米大統領に、7

月21日、本国から重大な情報がもたらされた。「初の原爆実験に成功した」との知らせであった。「原爆完成の報告は、会議に大きな影響を与える」。トルーマンは、7月上旬開催予定の会談を、実験に合わせてわざと中旬に延ばしたほどだった。力のある者が会議の主導権を握ることができる。

「これまでにない破壊力をもった新兵器を日本に対してうまく使う」ことをスターリンに告げたトルーマン。彼は7月25日、日本への原爆投下命令を下す。翌日、日本に対して「無条件降伏」を求める「ポツダム宣言」が発表された。原爆投下命令は、降伏勧告を出す前に出されたのだ。「原爆を使用して日本を早期降伏に導き、ソ連の極東における野望を封じ込める」。日本への原爆投下は、ソ連に対する力の誇示でもあった。

この人のその後

戦後、ソ連に対して強硬姿勢をとる。国際連合の設立にも尽力した。朝鮮戦争に介入するも戦況は停滞、支持率は低下。次期大統領選不出馬を決める。

無条件降伏①
ポツダム宣言受諾決定
1945年(昭和20)8月10日

迫水久常【さこみず　ひさつね】
鈴木首相に終戦の「聖断」を進言した側近の書記官

Profile

終戦時の内閣書記官長
・内閣書記官長として、終戦工作の一翼を担う。
生没年　1902年(明治35)～1977年(昭和52)　74歳没
出身地　鹿児島県(鹿児島市)

迫水久常

1945年(昭和20)5月末、内閣書記官長であり最高戦争指導会議幹事である迫水久常は、「国力の現状」と「国際情勢」を分析し、これ以上の戦争継続は「困難になるというよりも、むしろ不可能」であることを認識していた。とはいえ、戦争継続を主張する軍部が存在するので、速やかな戦争終結もまた困難であった。しかし、いよいよ決断の時がやってくる。

8月9日、ソ連対日宣戦。一報を聞いた迫水は、鈴木貫太郎総理に、①内閣総辞職、②ポツダム宣言を受諾して降伏、③戦争継続の3案を提言する。総理はこれを受けて「この内閣で結末をつけることにしましょう」と降伏を決断。早速、最高戦争指導会議が総理も参加して開催されたが、「無条件降伏するか否か」をめぐって議論は紛糾、結論を見なかった。

このままでは埒《らち》があかないと見た迫水は、休憩時間中、総理に「かくなるうえは、ご聖断を仰ぐほか途《みち》はないと思います」と進言。総理も賛成し、8月10日、昭和天皇の臨席のもと御前会議が開催されることになった。

そして開かれた御前会議の席上、昭和天皇は「戦争を即時終結することを決心している」と仰せられたという。ここに「戦争継続か終結か」の大勢が決したのである。その道筋を開いたのは、迫水の総理への進言であった。

この人のその後

戦後、公職追放となるも、1952年に衆議院議員に当選。のち参議院議員に転じる。経済企画庁長官や郵政大臣、鹿児島工業短期大学学長を歴任。

無条件降伏②
若手将校のクーデター計画
1945年（昭和20）8月14日～15日

森 赳【もり たけし】
降伏阻止の中堅幕僚らに殺された近衛第1師団長

Profile

陸軍中将／当時の近衛第1師団長
・ポツダム宣言受諾に従う立場であったが、青年将校の説得に一度はクーデター計画を容認。
生没年 1894年（明治27）～1945年（昭和20）　51歳没
出身地 高知県（高知市）

森赳

「ポツダム宣言受諾」——御前会議での決定を聞いた若手将校は激高していた。本土決戦を主張していた彼ら（井田《いだ》正孝《まさたか》中佐・竹下正彦《たけしたまさひこ》中佐・椎崎二郎《しいざきじろう》中佐・畑中健二《はたなかけんじ》少佐ほか）は「ご聖断は真に天皇陛下の御意志であろうか。側近の進言の影響ではないか」とし、降伏阻止のクーデター計画を練った。内容を端的にいえば「陸軍大臣の治安維持のための兵力使用権を利用し、東部軍と近衛師団を動かし一挙に側近の要人を拘束する。その後、大臣の上奏によって天皇に徹底抗戦の決意をして頂く」というものであった。

そのためには、まず近衛師団を味方につけねばならない。そこで、森赳近衛第1師団長を説得しに行くことになった。井田と椎崎が説得の任に当たった。森が従わない時は斬る覚悟である。井田は決起を促すが、森は断固反対した。沈黙が室内を覆ったあと、森が言った。「諸君の気持ちは十分わかった。私も一人の日本人として、これから明治神宮へ行き、神前にぬかずいて最後の決断を授かろうと思う」と。

森の発言に井田は感銘を受け、師団長室を退出した。森発言は真意であったのだろうか。のちに井田は「師団長の言葉を疑う人もあるが、私は今も、あれは本心で言われたと信じている」と述懐している。

入れ替わりに室内に入ってきたのが、井田の同志である畑中少佐・窪田兼三少佐・上原重太郎大尉といった面々だった。畑中が一言二言話したあと、それが合図であったかのように、上原と窪田が抜刀、畑中は発砲し、森を惨殺した。森の傍らにいた白石通教中佐（森の義弟）は、森を守ろうとするが、一刀のもとに首を打ち落とされ、血潮を浴び倒れた。

「時間がなかったのでやりました。仕方なかった。こうなれば次は東部軍説得を試みましょう」

銃声を聞いて、急ぎとって返した井田に、畑中はそう言った。

井田は、森師団長を殺してしまった畑中に激しい怒りを感じたという。「クーデターの中心となる師団長を殺してどうする。もうダメだ」ということだ。一方で、「畑中はもうここまでやってしまった。やれるところまでやるほかない。どうせ最後は刺し違えて死んでゆくのだ」との想いも去来したそうだ。

床に折り重なり倒れている2人の遺体に、畑中らは瞑目《めいもく》挙手の礼をして、師団長室を離れた。1945年8月15日、未明の出来事である。

無条件降伏③
若手将校の
クーデター計画
1945年（昭和20）
8月14日～15日

田中静壱【たなか　しずいち】

中堅将校のクーデターを阻止して自決した東部軍管区司令官

Profile

陸軍大将／東部軍管区司令官
・米軍上陸に備えて迎撃計画を作成していたが、反乱将校鎮圧に尽力する。
生没年　1887年（明治20）～1945年（昭和20）　57歳没
出身地　兵庫県（たつの市）

田中静

1945年8月14日の午後3時過ぎ、畑中健二少佐は日比谷第一生命館の6階を訪問していた。彼は日本降伏阻止のクーデター計画首謀者の一人である。畑中が訪ねたのが、東部軍管区司令部司令官・田中静壱。田中に決起を促すための訪問であった。

大声を張り上げ入室してきた畑中に、田中はそれ以上の声をもって応えた。「俺のところへ何をしにきた。貴官が考えていることはわかっておる。何を言わずともよい。帰り給え」。

田中の側には、万一に備えて、副官の塚本清《つかもときよし》が軍刀の柄に手をかけ控えていた。畑中は二の句を継げず、顔面蒼白となった末、敬礼し退出したという。

その後、畑中らは、クーデターに賛同しない森赳近衛第1師団長を殺害したあと、終戦を知らせる玉音放送を阻止しようと「皇居を固めて天皇を守護し、同時に放送局も占拠せよ」という偽の近衛師団長命令を出した。

しかし放送を録音した玉音盤はついに見つからなかったし、放送阻止は実現できなかった。

森師団長殺害と偽命令の流布を察知、懸念した田中は、各方面に「師団長命令は偽である」ことを告げた。そして、反乱将校の鎮圧を命じ、宮城（皇居）にも「心配ない」旨を言上した。頼みの綱である陸軍首脳部、東部軍の説得に再度失敗したクーデター派は、自己解体に向かっていた。

計画失敗を悟った畑中・椎崎《しいざき》らは自刃する。クーデター計画は幕を閉じた。「潔く、我々は敗れよう。そして責任をとろう。これが日本陸軍最後の姿だ」と語っていた田中も、8月24日、司令官室で自決した。

無条件降伏④
陸軍大臣の自決
1945年（昭和20）8月15日

阿南惟幾【あなみ　これちか】
日本の降伏に最後まで反対して自決した陸相

Profile

陸軍大将／終戦時の陸軍大臣
・最後まで無条件降伏を受け入れることに難色を示した。
・その一方で軍事クーデターを求める部下を戒めた。
生没年　1887年（明治20）～1945年（昭和20）　58歳没
出身地　大分県（竹田市）

阿南惟幾

「死中に活を求める戦法に出れば完敗することはなく、むしろ戦局を好転させる公算もあり得る」。陸軍大臣・阿南惟幾は無条件降伏に反対であった。阿南の主張が本心か否かには議論がある。阿南とて勝ち目がないことは十分承知であったが、あっさり降伏を主張したのでは、抗戦継続の陸軍が納得しない。もし、陸軍が内乱を起こせば、国が亡びる。陸軍を抑えるために、阿南は閣議や最高戦争指導会議で強硬発言をしたとの説もある。

しかし、阿南も昭和天皇の「ポツダム宣言受諾」の聖断を聞いてからは態度を一変させ、「あえて反対の行動に出ようとする者は、まず阿南を斬れ」とまで部下に言い放つ。阿南にとって尊崇する天皇の決断は重いものだった。終戦詔書に何のためらいもなく署名した阿南。軍事クーデターを求める部下を戒めつつ、8月15日未明、大臣官邸において切腹して果てた。

「陛下の（玉音）放送を拝聴するに忍びない」と自決前の阿南はそう語っていた。本土決戦を唱えていた者も、阿南の死を聞いて、「もうダメだ」と思ったという。

阿南は、部下の軽挙妄動を自らの死によって防ごうとしたのではないか。遺体は、15日夜、陸軍の本拠地・市ヶ谷にて荼毘《だび》に付された。

正式な終戦降伏文書調印
1945年（昭和20）9月2日

梅津美治郎【うめづ　よしじろう】

日本軍を代表して降伏文書に署名した帝国陸軍最後の参謀総長

Profile

陸軍大将／終戦時の参謀総長
・終戦直前、陸軍を代表して本土決戦を唱えていた。
生没年　１８８２年（明治15）～１９４９年（昭和24）　67歳没
出身地　大分県（中津市）

梅津美治郎

ダグラス・マッカーサー元帥（連合国軍最高司令官）がコーンパイプをくわえて神奈川県厚木飛行場に降り立ったのは、１９４５年（昭和20）８月30日午後２時５分であった。戦争に敗れた日本は連合国の占領下に入ったのだ。その３日後の９月２日、米戦艦ミズーリ号（横須賀沖合の海上）

で、マッカーサーも参加して、日本降伏文書の調印式が行われた。

降伏文書調印式の日本側全権代表は、天皇と政府を代表して重光葵《しげみつまもる》外相、大本営を代表して梅津美治郎参謀総長と決まった。しかし、この決定までには一悶着があった。梅津が調印式参加を不名誉に感じ、なかなか引き受けなかったのだ。「私に行けというのは、自殺せよというに等しい」とまで言い放ったという。天皇からのお言葉を賜って、やっと了承したという経緯があった。一方の重光は調印式を「不名誉な終着点ではなく、再生の出発点」と感じ、ミズーリ号に赴いた。

調印式は午前9時から始まった。ミズーリ号の甲板には、2つの星条旗が掲げられていた。黒船来航で有名なペリー艦隊が掲げていたものと、真珠湾攻撃の時、ホワイトハウスに掲げられていたものである。「戦争は終わった」とするマッカーサー宣言のあと、日本側が降伏文書に調印した。全ての調印が終わった時、マッカーサーはこう述べた。「これをもって平和は回復されたり。神よ、願わくばこれを維持されんことを」。

この人のその後
東京裁判で終身刑の判決を受けるが、服役中に病死する。

降伏文書調印式の日本全権団。前列右が梅津参謀総長（1945年９月２日）。

降伏文書調印式で天皇と日本政府に代わって署名する重光葵外務大臣。

占領下の日本
マッカーサーと
天皇の会見
1945年(昭和20)9月27日

昭和天皇【しょうわてんのう】

マッカーサー元帥の感情を揺さぶった初の会見

Profile

第124代天皇
・敗戦国の悲哀を背負い、マッカーサーと対する。
生没年 1901年(明治34)~1989年(昭和64) 宝算87
出身地 東京都(青山御所)

連合国の占領下である1945年(昭和20)9月27日午前10時、昭和天皇は、GHQ総司令官ダグラス・マッカーサー元帥をアメリカ大使館に訪問し、初会談を行った。敗戦国の君主と、戦勝国の名誉ある軍人の初対面であった。マッカーサーは「天皇が自発的に私に会いにくるだろう」と述べていたが、現実のものとなったのだ。

モーニングに縞のズボン、トップハットの出で立ちで登場した天皇を、マッカーサーは軍服で丁重に出迎えた。天皇を居間に案内した時、米軍のカメラマンが現れ、並んで立つ２人を撮影した（天皇、マ元帥の写真は、９月29日に新聞に掲載され、話題となる）。

天皇は落ち着きがなく、緊張していたという。マッカーサーが米国製のタバコを差し出すと、天皇は礼を言って、受け取った。タバコに火をつけて差し上げた時、天皇の手は震えていた。「天皇の感じている屈辱の苦しみが、いかに深いものであるか」をマッカーサーは感じとる。

マッカーサーは天皇が「敗戦国の君主がするように、戦争犯罪者として起訴されないよう懇願するのではないか？」、つまり命乞いするのではないかと懸念していた。しかし、天皇の発言は、マッカーサーの不安をかき消した。

「私は、国民が戦争遂行に当たって政治、軍事両面で行った全ての決定と行動に対する全責任を負う者として、私自身をあなたの代表する諸国の裁決にゆだねるためにおたずねした」

昭和天皇のマッカーサー訪問（1945年９月27日）。

天皇の言葉は、マッカーサーに大きな感動を与えた。

「死をともなうほどの責任、それも私の知り尽くしている諸事実に照らして、明らかに天皇に帰すべきではない責任を引き受けようとする、この勇気に満ちた態度」は、マッカーサーを「骨のズイまで」揺り動かしたという。

マッカーサーは天皇が「個人の資格においても日本の最上の紳士である」ことを認識した。

当時、「天皇を戦犯に」との声が連合国からも上がっていた。しかし、天皇を戦犯に指定すれば、大規模なゲリラ戦が起こり、「占領政策は破綻する」とマッカーサーは考え、反対していたのだ。この会見で、マッカーサーはそうした想いをさらに強くした。マッカーサー元帥は、天皇の言動に感動し、「あんな純粋な人間は見たことがない」とのちに語るまでになる。会談終了後、マッカーサーは天皇を車まで見送り、すべてが終了した。

この人のその後

戦後、天皇は日本国民統合の象徴と位置付けられる。昭和天皇は象徴天皇として精力的に皇室外交を行った。

主要参考文献

『提督米内光政の生涯』豊田穣（講談社）
『松岡洋右　上下』豊田穣（新潮社）
『散るぞ悲しき　硫黄島総指揮官・栗林忠道』梯久美子（新潮社）
『帝国の昭和』有馬学（講談社）
『日本の近代6　戦争・占領・講和』五百旗頭真（中央公論新社）
『運命の夜明け　真珠湾攻撃全真相』森史朗（文藝春秋）
『真珠湾攻撃』ウォルター・ロード（小学館）
『真珠湾攻撃』淵田美津雄（ＰＨＰ研究所）
『近衛文麿』杉森久英（河出書房新社）
『われ巣鴨に出頭せず　近衛文麿と天皇』工藤美代子（日本経済新聞社）
『海燃ゆ　山本五十六の生涯』工藤美代子（講談社）
『真珠湾作戦回顧録』源田實（文藝春秋）
『海軍魂　若き雷撃王村田重治の生涯』山本悌一朗（光人社）

『元帥の自決 大東亜戦争と杉山元帥』宇都宮泰長（鵬和出版）
『遙かなり真珠湾 山本五十六と参謀・黒島亀人』阿部牧郎（祥伝社）
『危機の外相東郷茂徳』阿部牧郎（新潮社）
『ドキュメント太平洋戦争全史』亀井宏（講談社）
『昭和史 1926〜1945』半藤一利（平凡社）
『決定版 日本のいちばん長い日』半藤一利（文藝春秋）
『第二次世界大戦 ヒトラーの戦い2』児島襄（文藝春秋）
『日中戦争2』児島襄（文藝春秋）
『アドルフ・ヒトラー3』ジョン・トーランド（集英社）
『地ひらく 石原莞爾と昭和の夢 下』福田和也（文藝春秋）
『陸軍の異端児 石原莞爾』小松茂朗（光人社）
『昭和天皇・マッカーサー会見』豊下楢彦（岩波書店）
『戦後秘史5』大森実（講談社）
『終戦工作の記録 上』江藤淳監修（講談社）
『アインシュタイン伝』矢野健太郎（新潮社）
『一死、大罪を謝す 陸軍大臣阿南惟幾』角田房子（新潮社）

『宰相　鈴木貫太郎』小堀桂一郎（文藝春秋）
『蔣介石が愛した日本』関栄次（ＰＨＰ研究所）
『毛沢東とその時代』ＮＨＫ取材班（恒文社）
『新版　機関銃下の首相官邸』迫水久常（恒文社）
『原爆はこうしてつくられた』レスリー・Ｒ・グローブス（恒文社）
『アメリカはなぜ日本に原爆を投下したのか』ロナルド・タカキ（草思社）
『広田弘毅』服部龍二（中央公論新社）
『孤高の外相　重光葵』豊田穣（講談社）
『「名将」「愚将」大逆転の太平洋戦史』新井喜美夫（講談社）
『世界の艦船１９８０年11月増刊』（海人社）
『陸海名将１００選』楳本捨三（秋田書店）

本文写真（下記以外の写真は近現代フォトライブラリー）

P.43　毛沢東：Universal Images Group/アフロ
P.57　ヨシフ・スターリン：アフロ
P.58　スターリンとリッベントロップ：毎日新聞社 /アフロ
P.64　アドルフ・ヒトラー：Everett Collection/アフロ
P.79　汪兆銘：TopFoto/アフロ
P.86　フランクリン・D・ルーズベルト：Universal Images Group/アフロ
P.106　コーデル・ハル：GRANGER.COM/アフロ
P.140　ジョナサン・ウェーンライト：TopFoto/アフロ
P.144　スカルノ：TopFoto/アフロ
P.159　フランク・J・フレッチャー：TopFoto/アフロ
P.160　ジェイムズ・H・ドューリットル：akg-images/アフロ
P.174　アレクサンダー・ヴァンデグリスト：AP/アフロ
P.185　ウィリアム・F・ハルゼー：AP/アフロ
P.198　マーク・ミッチャー：Topfoto/アフロ
P.222　リッチモンド・ケリー・ターナー：TopFoto/アフロ
P.224　ホーランド・M・スミス：REX/アフロ
P.305　昭和天皇のマッカーサー訪問：GRANGER.COM/アフロ

著者紹介
太平洋戦争研究会（たいへいようせんそうけんきゅうかい）
日清・日露戦争から太平洋戦争、占領下の日本など近現代史に関する取材・執筆・編集グループ。同会の編著による出版物は多く、『太平洋戦争の意外なウラ事情』『日本海軍がよくわかる事典』『日本陸軍がよくわかる事典』（以上、ＰＨＰ文庫）、『図説アメリカ軍が撮影した占領下の日本』『図説東京裁判』『図説写真で見る満州全史』（以上、河出書房新社）、近著には『証言 我ラ斯ク戦ヘリ』『我、奇襲ニ成功セリ・真珠湾攻撃80年目の真相』『消えた帝国満州の100人』（以上、ビジネス社）、『写真が語る銃後の暮らし』（ちくま新書）など多数。代表は平塚柾緒。

本書は、2011年11月に世界文化社より刊行された『ビジュアル人物で読む太平洋戦争』を改題し、大幅に修正したものである。

ＰＨＰ文庫　101人の人物で読み解く太平洋戦争

2023年７月28日　第１版第１刷

著　　者　　太平洋戦争研究会
発行者　　永田貴之
発行所　　株式会社ＰＨＰ研究所
東京本部　〒135-8137　江東区豊洲5-6-52
ビジネス・教養出版部　☎03-3520-9617(編集)
普及部　☎03-3520-9630(販売)
京都本部　〒601-8411　京都市南区西九条北ノ内町11

PHP INTERFACE　https://www.php.co.jp/

組　　版　　株式会社PHPエディターズ・グループ
印刷所　　大日本印刷株式会社
製本所　　東京美術紙工協業組合

ISBN978-4-569-90337-8

PHP文庫

日本と世界の架け橋になった30の秘話

「戦争と平和」を考えるヒント

渡邊　毅　著

『道徳の教科書』の著者が、日本人と外国人の間で築かれてきた友好物語を紹介。ウクライナ戦争の時代だからこそ押さえておきたい。

PHP文庫

キーワードでわかる！ 中村天風事典

池田 光 著

天風会第四代会長の杉山彦一氏に師事してきた著者が、中村天風の生涯と思想を、124のキーワードと写真、図表でまとめる事典。

PHP文庫

知らないとヤバい民主主義の歴史

宇山卓栄 著

民衆が望む政治を行なったヒトラーは民主主義が生み出した。民主主義は国民のための政治形態なのか。その本質を世界史から分析する。

PHP文庫

コーヒーと楽しむ　一瞬で心がリセットされる40の物語

西沢泰生　著

人気シリーズ第4弾！　心がちょっぴり疲れた時に効く、1話3分で読めて、気持ちがリフレッシュできる本当にあった話が満載の1冊。

PHP文庫

誤解だらけの「関ヶ原合戦」

徳川家康「天下獲り」の真実

渡邊大門　著

偽りの通説で塗り固められた天下分け目の大合戦。なぜ、徳川家康は天下を獲ることになったのか。一次史料がその真実を明らかにする！

PHP文庫

世にも不思議で美しい「相対性理論」入門

佐藤勝彦 著

相対性理論は「時空の物理学」――2種類の相対性理論とは？「重力波」「ブラックホール」「宇宙論」など最新テーマも交えて解説。

PHP文庫

いっきに読める史記

島崎 晋 著

伝説の黄帝から前漢武帝の時代まで、司馬遷の不朽の歴史書「史記」の全ストーリーを一冊に凝縮。スイスイ読める超訳でよくわかる。